励志读物·名人传记

比尔·盖茨传

蝉联世界首富的美国慈善家

成长关键词 ➡ 好奇心、热情、爱心

赵小龙◎编著

成都地图出版社

图书在版编目（CIP）数据

比尔·盖茨传 / 赵小龙编著. -- 成都：成都地图
出版社, 2018.4 （2022.4重印）
ISBN 978-7-5557-0881-0

Ⅰ. ①比… Ⅱ. ①赵… Ⅲ. ①盖茨(Gates, Bill
1955-)—传记 Ⅳ. ①K837.125.38

中国版本图书馆CIP数据核字(2018)第052538号

比尔·盖茨传
BI'ER GAICI ZHUAN

责任编辑：魏小奎
封面设计：吕宜昌

出版发行：成都地图出版社
地　　址：成都市龙泉驿区建设路2号
邮政编码：610100

印　　刷：唐山富达印务有限公司
（如发现印装质量问题，影响阅读，请与印刷厂商联系调换）

开　　本：710mm×1000mm　　1/16
印　　张：8　　　　　　　字　　数：120千字
版　　次：2018年4月第1版
印　　次：2022年4月第4次印刷
书　　号：ISBN 978-7-5557-0881-0

定　　价：39.80元

I 导读 >>>>>>
Introduction

Bill Gates
比尔·盖茨

比尔·盖茨（Bill Gates 出生于 1955 年 10 月 28 日）这个名字被世界 70%的人所熟悉，不仅仅因为他创造了一个财富的神话，39 岁便成为世界首富，并连续 13 年登上福布斯榜首的位置，更因为他使个人计算机成了世界上 70%的人的日常生活用品，并因而改变了他们的工作、生活乃至交往的方式。因此有人说，比尔·盖茨对软件的贡献，就像爱迪生之于灯泡。

幼时，他是一个精力充沛，极度活跃的小孩，兴趣广泛，尤其酷爱读书，七岁时，便已读完整部百科全书、各种名人传记。上小学时，由于他的躁动与独立，经常被学校评价为表现不佳。他的家庭辅导老师和这个小男孩相处不足一年就辞职了，并对他母亲说："强迫比尔遵循传统的行为模式或变得更听话，你注定会失败，你最好设法调适，因为企图胜过他是没有用的"。

比尔·盖茨出生的时候，世界第一台计算机已经制造出来，到了他上初中的时候，计算机逐步从军用转向民用。一个信息化的时代正初露曙光。随后，越来越多的科学家与研究机构开始关注计算机与信息技术，但是，人们当时更多的是注重硬件开发，只有比尔·盖茨真正看到了软件的巨大价值。13 岁的他便已开始编程，并预言自己将在 25 岁成为百万富翁，他真的成功了。

作为世界一流企业——微软公司的董事长，他是一个商业奇才，独特的眼光使他总是能准确看到 IT 业的未来，独特的管理手段创造了一个无法复制的微软帝国的软件神话。他所编制并倡导的培基程序语言（即 BASiC 语言）、磁盘操作系统（MS－DOS）、三二视窗系统（Windows32）、九五视窗系统（Windows95）、九八视窗系统（Windows98）……NT 视窗系统（WindowsNT），以及现在流行的 XP 视窗系统（WindowsXP），奠定并领导了电脑的一次次革命，使个人计算机成为千家万户必不可少的设备。他的软件对电脑，对人类所做的贡献，无法用数字去计算。

除了热爱计算机和软件之外，比尔·盖茨对生物技术也很感兴趣。他是 ICOS 公司董事会的一员，这是一家专注于蛋白质基体及小分子疗法的公司。此外，比尔·盖茨还和移动电话先锋 Craig McCaw 一起投资 Teledesic，计划使用几百个低轨道卫星来提供覆盖全世界的双向宽带电讯服务。这是一个雄心勃勃的计划。

当微软成功之后，2008 年 6 月 27 日，比尔·盖茨正式退出微软公司，又开始了生命中的新旅程——从世界最富有的人转型为世界最大的慈善家。他和他的妻子 Melinda 建立了比尔和梅琳达·盖茨基金会

（Bill & Melinda Gates Foundation），用以支持在全球范围内的医疗健康和教育领域的慈善事业。到目前为止，该基金已经将 17.3 亿美元用于全球的健康事业，将 9 亿多美元用于改善人们的学习条件，其中包括为盖茨图书馆购置计算机设备、为美国和加拿大低收入社区的公共图书馆提供互联网培训和互联网访问服务。此外将超过 2.6 亿美元用于西北太平洋地区的社区项目建设，将超过 3.8 亿美元用于一些特殊项目和每年的礼物发放活动上。盖茨表示："伴随巨大财富而来的是巨大责任，现在是把这些资源回报社会的时候了，而帮助困境中的人们是回报社会的最好方式。"

财富为他聚集了世界的目光，但他赢得世界的尊重并不仅仅是因为财富，而是他的奋斗精神与平民特质，以及他的慷慨好施。

C ontents 目 录 >>>>

第一章

Bill Gates

盖茨的童年

对书呆子好一点，你未来很可能就
为其中一个工作。

—— ［美］比尔·盖茨

▶ 家庭背景

在开放而有活力的美国，有这样一个笑话，美国总统小布什、好莱坞大导演斯皮尔伯格和比尔·盖茨在一起坠机事件中同时遇难。他们都被带上了天堂，来到上帝气势宏伟的白色宝座之前。

上帝俯视着三人，先对小布什说："作为美国的总统，你相信什么？"小布什答："如果我们五年前就攻打伊拉克，就绝对不会发生'9·11'这样的事情。"上帝微笑着说："过来，坐在我的左边。"

上帝接着问斯皮尔伯格："作为好莱坞最著名的导演，你又相信什么呢？"斯皮尔伯格回答道："我相信一部电影如果投资超过五亿美元，那它就一定会获得'奥斯卡'金像奖。"上帝微微点头，说道："你可以过来坐在我的右边。"

被光环笼罩着的上帝又把目光转向比尔·盖茨，微笑着问道："比尔，作为这个世界上最有钱的人，你又相信什么呢？"比尔·盖茨推了推眼镜，不慌不忙地说："我相信此时此刻你坐的是我的椅子。"

这就是比尔·盖茨，凡事都要做到第一，凡事都要建立权威。我们不能说这种个性正确无比，但是，养成进取的性格，确实是成功的前奏和准备。

他是一个天才，13 岁开始编程，并预言自己将在 25 岁成为百万富翁；他是一个商业奇才，独特的眼光使他总是能准

微软创始人比尔·盖茨

确看到 IT 业的未来，并用独特的管理手段，使不断壮大的微软能够保持活力；他的财富更是一个神话，39 岁便成为世界首富，并连续 13 年登上福布斯榜首的位置，这个神话就像夜空中耀眼的烟花，刺痛了亿万人的眼睛。这个总是不断创造奇迹的他就是著名的微软公司主席和首席软件设计师——比尔·盖茨。他率领的微软公司是为个人计算和商业计算提供软件服务和 Internet 技术的世界范围内的领导者。截止于 2008 年，微软公司收入近 620 亿美元，在 60 个国家与地区的雇员总数超过了 50000 人。

比尔·盖茨的童年是在美国华盛顿州的西雅图度过的，西雅图是美国波音公司的基地，全市职工近半数在这家公司工作，所以人们也把西雅图称为波音城。它和旧金山、洛杉矶并列为美国西海岸的三大门户之一。

1955 年 10 月 28 日，比尔·盖茨出生在这个美国西北部最大的海岸城市。他的老家在离西雅图不远的布雷默顿。比尔·盖茨的父亲威廉·亨利·盖茨是个身材魁梧，喜欢运动，性格拘谨，不太健谈的人，其父亲经营着家具店，家里并不富有，社会地位也远远算不上显赫。1943 年老盖茨高中毕业后

西雅图一景

应征入伍，过了两年，他又进入了乔治亚州本宁堡军官培训学校，1946 年退役后到华盛顿大学法律系念书。在那里，通过朋友的介绍，他同玛丽·马克斯韦尔相识。

玛丽于 1929 年出生在西雅图市一个名门世家，她的祖父马克斯韦尔曾做过华盛顿州南本德市的市长和州议会议员。1906 年，他举家迁往西雅图，在那里创建了美国城市银行。这家银行不久就成了全国的知名银行。玛丽的父亲詹姆斯·威拉德·马克斯韦尔在华盛顿大学毕业后，就在父亲的银行里做信差。他善于交际，喜欢参加各种社团活动。后来，他成了美国九大银行之一

的太平洋国民银行的副总裁，是声名显赫的大银行家，拥有巨大的财富。玛丽的母亲就是她父亲在上大学时认识的，性格活泼，喜欢体育运动，曾是学生中的佼佼者。玛丽的祖父给儿女们留下了大笔财富，但是这个家庭却鄙视穷奢极欲的生活方式，不喜欢炫耀财富和地位。后代们都遵循祖父的传统，过着简朴的生活，崇尚良好的教育。这个优良的传统也被玛丽继承下来。

1950 年，老盖茨从华盛顿大学毕业回到老家，做助理辩护律师。过了两年，玛丽也毕业了。不久他们就结婚了，并且把家从布雷默顿迁到西雅图。玛丽到一所学校做教师，老盖茨则进了一家私人律师事务所。

几年之后，老盖茨与玛丽的爱情结晶、后来享誉世界的比尔·盖茨出生了。小盖茨的出世，为这个幸福平和的家庭更增添了喜气。

母亲玛丽望着自己可爱的孩子问："给他取个什么名字呢?"

父亲高兴地回答："我已经在他的出生证上填上威廉·亨利·盖茨了，同我的名字一样。"

不过，外婆喜欢叫这个孩子为"小比尔"，后来大家也就习惯性地称他为"比尔·盖茨"。

就这样，小盖茨一家过着其乐融融的日子，彼此相处得十分亲密和睦。

比尔·盖茨的父亲向来是一个进取心很强，有远大抱负的人。他稳重老成，德高望重，在法律界口碑极好。他做过华盛顿州律师协会主席，还出任过全美律师联合委员会主席。比尔·盖茨的母亲玛丽则一直是这个家的中心人物和驱动力。她性格温和，举止典雅，处事却不乏果断。比尔·盖茨出生后，她就不再去学校教书了，而是留在家里悉心照顾孩子。但她对社会工作依然怀有极大的兴趣，稍后的日子，她成了一名社区服务人员，在西雅图历史和发展博物馆做义务讲解员，常去各个地方的学校为学生们讲解本地文化和历史。同在教育界一样，她在社交界也渐渐享有了极高的声誉。良好的家庭氛围为小盖茨提供了很好的成长环境，父母端正的行为品德也成了他生活中的榜样。

　　每天小比尔一家的用餐时间，都是一场激烈的讨论会。无论男女老少，都喜欢在饭桌上谈论各种各样感兴趣的问题，其中主要是他们各自的活动和经历。后来，等到孩子们长大了些，也常常谈论有关他们今后工作的事情。比尔·盖茨回忆说："我家的生活非常丰富多彩，我们可以在家中学到许多东西。大家最喜欢的事情是读书、聊天和做各种游戏。"

　　比尔·盖茨从小好动，精力旺盛，有趣的是，这个家喻户晓的大名人有个爱摇晃的习惯，这一习惯应当说是他与生俱来的特性。据说在婴儿时期，每逢摇篮有节奏地摇晃时，小盖茨就会表现得极为欢喜。长大些后，他又在一匹玩具木马上体验到了摇晃的快乐。就这样，这个独特的癖好一直保持到现在，以至于传染给了身边的每一个人，并成为微软公司的一种特别景观——只见微软公司的经理们在开会时，一大群人坐在靠椅上，一边叽叽喳喳地讨论一边同总裁一起摇摇晃晃，场面实在有趣！

　　盖茨很小就表现出了与众不同的性格，他头脑灵活，十分聪明，对于同龄孩子们聚在一起玩的游戏不感兴趣，更愿意一个人待在一边做自己喜欢的事情。他办事执着，只要是他想做的事情，就一定会努力做到最好，如果是与别人比赛，他便要坚持胜过所有的人。比赛和竞争的激烈和残酷让他有着强烈的出人头地的愿望。为了达到自己的目的，小小年纪的他从来不受环境和舆论的左右。

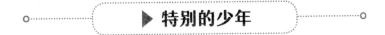

▶ 特别的少年

　　上学之后的比尔·盖茨也曾让爸爸妈妈很担心。

　　三年级时的一天，比尔·盖茨一放学回来就把自己丢到沙发上，满脸不高兴的样子。

妈妈问："怎么啦?"

"罗勃老师请你明天去学校。"

"为什么?"母亲有点意外。

比尔·盖茨突然脱口而出："我不想上学了!"

"怎么回事?"妈妈被小盖茨突如其来的话吓了一跳。

"罗勃老师讨厌我,我也讨厌他!"

第二天上午,比尔·盖茨的妈妈匆匆忙忙赶到学校。

就在走近比尔·盖茨教室门前的时候,里面忽然传来罗勃老师发怒的声音。

"为什么每次我叫你的时候,你都浑然不觉?都要伊丽莎白提醒你,你才会知道?你究竟在想什么?"

"我只是在想事情……"比尔·盖茨老老实实回答道。

"还有,我昨天不是跟你说过吗?让你把桌子整理整理!瞧你的桌子乱成这个样子,简直比垃圾堆还要像垃圾堆!"

比尔·盖茨的妈妈一听就急了,爱子心切的她在慌乱中冲进教室,把罗勃老师和全班学生都吓了一跳。

小时候的比尔·盖茨

比尔·盖茨的妈妈再三向老师解释说,比尔·盖茨绝对不是一个坏孩子,也决不是存心要与老师做对,他只是散漫惯了。罗勃老师则反复强调"秩序是一切的基础",并不断向母亲数落比尔·盖茨的多项"罪状":"他在课堂上总是坐不住,身体老是晃个不停;这么爱动的孩子,到了下课时间,反而又懒得出去玩耍,只是安安静静地坐在自己的位子上看书……"

面对师生间这样激烈的矛盾,再待下去,只会引发更多问题,父母决定为比尔·盖茨转班。换一个环境,也许比尔就不会这样了。

新的班主任老师是卡尔森。一看到卡尔森老师,比尔·盖茨的妈妈就放心多了,她想:"至少她会笑!"

为了避免发生之前同类型的事情，父母常常提醒比尔·盖茨，任何团体都有一定的规范，不可以太任性。然而，比尔·盖茨并不是不懂这些大道理，只是照他的说法，他总"管不住自己"，无法强制自己按老师的意愿做事。比方说，每次明明是在想着老师上课时刚刚说的一点什么问题，可是想着想着，身体就不知不觉地晃起来了。

就这样，无论比尔·盖茨怎样努力，他都一直不太适应学校的生活。四年级的时候，爸爸妈妈不得不认真考虑要不要让比尔·盖茨降级一年。

为此，校长特别邀请了比尔·盖茨的新班导海瑟·卡尔森女士，和比尔的爸爸妈妈一起讨论。

校长说："其实降不降级都不是最重要的，最重要的是我们希望让每一个孩子在学校里都能很快乐。"

比尔·盖茨的妈妈连连点头说："我也希望比尔·盖茨快乐，所以才会做要不要降级的考虑，我们觉得他似乎能跟得上，虽然他总是不肯写作业，而且班上同学好像也没有几个与他玩得来的。"

校长问卡尔森老师："卡尔森女士，你认为呢？"

"我倒不认为比尔·盖茨跟不上，我猜他只是太特别了，他不肯写作业，可能是觉得我出的作业太无聊了。"

"真的吗？你真的认为比尔·盖茨很特别？"比尔·盖茨的爸爸问。

"是的，表面上看他似乎很散漫，精神不集中，其实他的计算和阅读能力高出同年龄的孩子太多了。"

卡尔森老师举例说，比尔·盖茨虽然才 9 岁，可是已经可以把百科全书从 A 到 Z 一字不漏地读完。随便翻开哪页，问他几个问题，他都答得出来。还有一次，卡尔森老师要班上的同学阅读一本有关人体器官的书，这本书一共有 14 页。才一会儿工夫，卡尔森老师就看到比尔·盖茨把书本合了起来，一如既往地开始在椅子上晃动。

"比尔·盖茨，你看完了吗?"她问。

"是。"

"全都看完了吗?"卡尔森有些意外。

"是。"

"可是，别的同学都才只看了一两页呀! 既然你都看完了，你讲给我们听好不好? 这本书介绍了哪些器官? 它们又有什么用?"

比尔·盖茨平静地回答："这些器官包括：眼睛，让我们看东西；鼻子，让我们呼吸；嘴巴，让我们说话，还有吃东西……"他真的准确地说出了书中的许多内容。

讲到"大脑"时，他竟然说："这是最重要的器官，它让我们想事情，如果有一天，我的大脑坏了，需要换一个新的，我一定要换一个聪明的。"

同学中有人故意问："如果聪明的人脑刚好缺货，只剩下聪明的小狗的头呢?"

"那就换小狗头，我宁可要一个聪明的小狗头，也不要一个很笨的人脑。"比尔·盖茨毫不犹豫地回答道。

后来，老师给他所在的四年级学生布置了一篇有关人体特殊作用的作文，要求四五页的篇幅。结果盖茨利用爸爸书房里的百科全书和其他有关医学、生理、心理等方面的书籍，洋洋洒洒写了30多页。

又有一次，老师布置同学写一篇不超过20页的故事，盖茨浮想联翩，竟写出长达100页的神奇而又曲折无比的故事来，使老师和同学感到十分惊讶! 大家评价他说："不管盖茨做什么事，他总喜欢来个登峰造极，不鸣则已，一鸣惊人，不然他是不会甘心的。"

听了卡尔森老师所讲的故事，比尔·盖茨的爸爸笑着说："想不到我儿子这么有个性!"

"我也觉得他挺有个性的，"卡尔森老师表示赞同，"比尔·盖茨似乎只愿意做他感兴趣的事。他最差的功课比如公民与道德，都是因为他不感兴趣，也许对他来说，这实在是太简单了。"

校长说:"这么说,比尔·盖茨实在是一个很优秀的孩子。"

卡尔森老师又接着说:"他是我所教过的学生中最聪明的,我估计他的智商大约在 160 到 170 之间!"

卡尔森老师望着有些茫然的比尔·盖茨的父母,又强调说:"我是学特殊儿童教育的,天才就是特殊儿童!"

"比尔·盖茨会是天才?"比尔·盖茨的父母都有些惊奇。

经过卡尔森老师和校长耐心的解释,比尔·盖茨的父母才打消了要让比尔·盖茨降级的念头。

校长和老师一致认为比尔·盖茨是一个能力很强的孩子,他的思想更胜过他的能力!他们对小比尔的爱护和鼓励为比尔·盖茨的成长营造了很好的环境,最终没有阻碍盖茨的发展,使他将这种能量最大限度地发挥了出来。

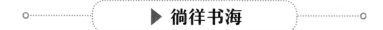

▶ 徜徉书海

比尔·盖茨非常喜欢玩游戏,从棋类到拼图比赛,几乎玩遍了所有的益智游戏。他的外婆教他跳棋、筹码,还有桥牌和其他东西。对他的外婆来说,游戏绝不是无意义的消遣,而是技能和智力的测验。玩游戏时,她总对小比尔说:"使劲想!使劲想!"

比尔·盖茨的外婆思维敏捷,对比尔·盖茨的成长产生过重要的影响。她常常给孩子们念书,一有时间便给孩子们讲故事,大大地启发了比尔·盖茨的好奇心,并使比尔·盖茨成为一个兴趣广泛、废寝忘食的读者。数学和科学书籍以及优秀青少年小说,也同样非常吸引他。

比尔·盖茨不仅有超乎寻常的记忆力,而且在他的头脑里有许多独特怪异的想法,他常常能够在别人熟视无睹的地方玩出新的花样来。比如一只放在他房间的垃圾桶,经过比尔·盖茨的摆弄，就可成为他进行体育锻炼的道具。经过反复训练后，他能够一下子跳过这种垃圾容器。难得的是，盖茨的父母并不因为有人在房间里跳来跳去弄得地板咚咚作响而生气。相反，他们教导盖茨要多动脑筋，多动手，要仔细观察周围看似平常的东西。盖茨的父母对盖茨这种态度不啻为一种莫大的鼓励，它极大地鞭策着盖茨一步步前进，永不停息。

也许是家世熏陶，比尔·盖茨从小就十分喜爱读书。这种习惯伴随着他的一生，成名之后，他仍然是左手汉堡包，右手各种图书。

有一年，小盖茨过生日的时候，大人们送给他很多精美的礼物，但是比尔·盖茨都不喜欢。

爸爸问他："那你想要什么？"

"我想要我刚才读的那本《世界图书百科全书》！"

"你能看懂那本书吗？"爸爸有些惊讶。

"能看懂！上面有文字，还有图，我能看懂。"小盖茨十分自信。

妈妈看了爸爸一眼，微笑着对比尔·盖茨说："好吧，那就送给你当生日礼物。"

"太好啦！"比尔·盖茨高兴得又使劲在椅子上摇晃起来。"这是我最好的生日礼物！"

这时候的盖茨刚满 8 岁，他已经是里奇景小学的一名小学生了。

这年夏天的一个傍晚，比尔的同学爱德蒙来到比尔家。

"比尔在家吗？"爱德蒙问客厅里正在忙碌的盖茨的外婆。

外婆说："半天没看见他了，会不会在他的房间里？"

爱德蒙来到比尔的房间外，房门紧闭，他用手一推，发现里面已经锁上了。他拍了拍门，高声喊道："比尔，我是爱德蒙。"

屋里没人应声。

外婆走过来，说："他会不会又躲到他爸爸的书房里看书呢？"

她领着爱德蒙来到比尔父亲的书房，推开门一看，果然，比尔坐在沙发上，怀里抱着一本大厚书正聚精会神地读着。外婆笑了笑，转身离开了。

"嗨！比尔！看什么书呢？"爱德蒙走进屋，好奇地问。

比尔抬起头，随口说道："百科全书。这部书上的知识可多啦！你知道毛毛虫是怎么变成蝴蝶的吗？你知道无毒蛇有多少种吗？你知道……"

爱德蒙有些不满意，他打断比尔的话，说："我当然不知道，我又没看这本大厚书，比尔，这么厚的一大本，你什么时候能看完呀？"

比尔合上书，站起来伸了个懒腰，又踢了踢腿，说："总能看完的，我长大了，会看得更快。"

比尔知道爱德蒙来找他肯定是邀他出去玩，就问："我们是去滑水橇，还是去玩克朗球？"

爱德蒙说："随便。"

比尔把大厚书放回书架，领着爱德蒙来到他自己的房间。爱德蒙看见比尔的小书架上摆满了新书，就问："你又买了这么多书？"

比尔一边换衣服，一边说："不少是爸爸妈妈给我新买的。我很爱读这些历史伟人传记，他们都很了不起。

就这样，童年的比尔·盖茨从《世界图书百科全书》中获取了大量的知识，同时也发现了这部百科全书的不足之处。在阅读这部百科全书之后，比尔·盖茨就产生了一个想法：将文本和图片同声音和动画结合起来。长大后的他说："笨重的书卷里仅包含文本和插图。它能够说明爱迪生的留声机外观怎样，却不能让我听听它刺耳的声音。它有毛毛虫变成蝴蝶的照片，却没有图像将这一变化栩栩如生地呈现出来。如果它能就我所读的内容进行测验，或它的信息能够与时代同步，那真是锦上添花。当然，那时我并没有意识到它的这些缺点。尽管如此，我还是很喜欢这部百科全书，并坚持读了五年，一直读到上中学。"这一想法在 30 年后终于成为现实。他的微软公司编制了名为 Encarta 的软件。在一张小小的光盘上，第一版就收有 2.6 万个词条，900 万字的文本，还包括总共 8 小时的声音，1000 幅照片，800 幅地图，250 张图表和表格，100 多张动画和视频录像。只要把这张光盘放进一台多媒体家用电脑，就可以图文并茂地尽情欣赏这部非凡的百科全书。不得不说，童年的体验在盖茨以后的事业中占据了很重要的一部分，正是有了年少时的希望和想象，才能为他的事业注入新的元素。

◁ 第二章 ▷

Bill Gates

中学时光

会思考才会成大器。

——［美］比尔·盖茨

▶ 数学天才

　　盖茨从小就热爱思考，尤其是思考各种数学难题。但母亲渴望比尔·盖茨养成好的学习习惯，生活中有纪律约束，让他成为一个德智体全面发展的孩子。母亲还希望盖茨能有优异的在校表现，以便帮助他日后进入理想的大学。盖茨的父亲则认为，盖茨年纪太小，很多事情都还没有学会如何正确而妥当的去处理，或许较小的班更加适合盖茨的学习和生活。

　　同时，大家已经看出来，11岁的盖茨的数学和自然科学知识已在同龄人中遥遥领先。他就读的那所普通学校已不能满足他的求知欲，长此以往，将会成为盖茨不断学习和成长的束缚。他需要一所新的更好的学校以适应他的智力发展。他们最后决定送盖茨去湖滨中学上七八两个年级，然后像母亲和姐姐当年那样，去西雅图优秀公立中等学校——路斯威尔特中学，直到中学毕业。

　　做了这个决定后，盖茨的父母就在随即来临的秋季，将盖茨送入了湖滨中学。湖滨中学是一所专收男生的私立预科学校，该校学风浓厚，教学严谨，思想开放，是西雅图学费最高的一所学校。能跨进这个校门的学生大都具有较好的家庭经济实力，所以这里实际上也就是一所贵族学校。每年都有几百名品学兼优的学生在湖滨中学就读，每期学费也高达5000美元。

　　1967年，湖滨中学分成了两个学部，低学部和高学部，低学部包括七年级和八年级的学生，高学部包括九至十二年级的学生。那些从七年级开始就读并且通过了湖滨中学严格考试直至毕业的学生被称之为"职业选手"。比尔·盖茨顺利地成了这样一名选手。

对比尔·盖茨来说，湖滨中学就像是一个知识的天堂。湖滨中学的教育方式也是盖茨的天才真正得以发芽、茁壮成长的催化剂。正因为有过像比尔·盖茨这样的优秀学子，它注定了要闻名全美，甚至享誉全球。人们如今普遍称之为"天才的学校""微软的摇篮"。湖滨中学成了美国著名中学中的佼佼者。

正是在这所充满了新鲜和自由气息的学校，盖茨刚刚显现出的聪慧和与众不同的创造力被一步一步地发掘着。这所学校善于培养人才，并且注重因材施教，这种先进的教育模式既铸造了盖茨未来的性格，又锤炼了他理智的素质。也正是在这块土地

湖滨中学

上，盖茨身上禀赋的一切：精力、热情、理智、坚韧、进取心、执着、竞争精神、渴求、经商才能、企业家风范等都得到了有效的提炼和融汇，使得他的人生完全提升到了另一个境界，也为盖茨的未来打下了坚实的基础；也正是在这里，他出色地做成了人生中的第一笔商业交易，创办了第一家赢利性的公司。他和湖滨中学那一伙与他志同道合的计算机天才小子们结下了深厚的友谊。多年以后，也正是这些人率先加入了他的微软阵营，与他并肩作战于竞争激烈的计算机领域和沉沉浮浮的商业世界。

比尔·盖茨上七年级后没多久，学校的每个学生都知道他的名字，知道他是湖滨中学尖子中的尖子。而他最出名的还是那双脚，人人都知道他长着一双又长又大的脚板，虽然他上七年级时长得又瘦又矮，但穿的鞋子却又长又大。一位同学曾经这样回忆说，"我们大伙儿都弄不清楚是否他只是在长他的脚。"

在湖滨中学所结识的朋友当中，他和肯特·伊文斯的关系最为亲密。从七年级开始他们就在一起，从来没有分开过。两人天

成长关键词

好奇心、热情、爱心

Bill Gates

赋都挺高，都十分热爱数学，同时对计算机更是深深着魔，甚至可以为之废寝忘食。

盖茨和伊文斯的性格迥然不同，盖茨像他父亲，显得有些冷峻和超然，相比之下，伊文斯就显得活泼好动。伊文斯留着一头浓密的黑发，具有一种属于伊文斯家族的讲究实际的性格。湖滨中学的学生们都记得他是学校中"最漂亮的男孩子"。

盖茨在七年级的学习中，唯一的高分就是优减，那是在一个数学优等生班得的。在这个班时，他喜欢在黑板前面做解释，喜欢用左手在黑板上涂鸦，并前后使劲摇着他的大脑袋。

数学班常常被同学们认为是不谙世事的一个群体，然而这里正是盖茨在湖滨中学迈出"万里长征"第一步的地方。他一直都非常喜欢数学，事实上，他在这方面的天赋极高。在一次湖滨中学举行的数学测试中，他一举夺得榜首，这让学校的老师和同学都惊叹不已，大家都不再小看数学班，更不再小看这个安安静静的小个子男孩。后来，校委会在评定他的数学成绩时给了他一个800分的满分。这让盖茨高兴了好几天，也让他第一次充分地体验到了数学带给他的快乐。

盖茨并不满足于中学课本上的内容，老师的教授也无法满足他无止境的千奇百怪的数学问题。所以，还在湖滨中学念书时，他就开始自己独立学习华盛顿州立大学的数学课程。由于在数学方面一直领先，中学课本上的知识对他而言，简直是小菜一碟，他总是能用很少的时间就轻松搞定各种数学考试，并且成绩名列前茅。他实在太痴迷于数学，他把绝大多数学习时间和精力都花在了数学上，导致出现了轻微的偏科现象。在他八年级的一次期末测试中，他的其他科目考得都不是很理想，唯有数学，总是班里的第一名，从没有退步过。

湖滨中学的数学系主任弗雷福·赖特在谈到盖茨时不无赞赏地说道："他能用一种最简单的方法来解决某个代数或计算机问题，他可以用数学的方法来找到一条处理问题的捷径，我教了这么多年的书，没见过像他这样有天分的数学奇才。他甚至可以和

第二章　中学时光

工作过多年的那些优秀数学家媲美。当然，比尔其他各方面表现得也很优秀，不仅仅是数学，他的知识面非常广泛，数学仅是他众多特长之一。"

名人名言·思考

1. 一分钟的思考抵得过一小时的唠叨。

——［英］托马斯·胡德

2. 读书使人充实，思考使人深邃，交谈使人清醒。

——［美］富兰克林

3. 沉思就是劳动，思考就是行动。

——［法］雨果

4. 人生最终的价值在于觉醒和思考的能力，而不只在于生存。

——［古希腊］亚里士多德

5. 习惯支配着那些不善于思考的人们。

——［英］华兹华斯

6. 别让你的舌头抢先于你的思考。

——［古希腊］德谟克里特

成长关键词 ↓ 好奇心、热情、爱心

▶ 图书管理员

当盖茨还在上小学四年级的时候，他的学习能力就已经远远超过了班里的同学。每一次，不管老师布置的作业有多么繁重，也不管那些题目有多么难，盖茨总是很轻松就完成，并且全部做对了，同学们都很佩服盖茨惊人的学习能力，老师也暗自赞叹这个聪明的小家伙。

但是，有一点让老师很头疼，每次盖茨提前完成作业之后，就不愿意安分守己地待在自己的桌子上了，盖茨总是喜欢左顾右盼，还不停地摇晃着自己瘦小的身体，这很是影响周围那些还在冥思苦想的同学们，同学们看见旁边的盖茨早早就做完作业可以趴在课桌上玩了，心里越来越着急，于是大家都拼命赶着完成作业，而不顾作业的质量，结果就是，孩子们学会了像盖茨那样在很短时间内就完成作业，但是，他们作业的质量却远远达不到盖茨的水平。这让班里的老师们哭笑不得。

老师无奈之下叫来了盖茨的爸爸妈妈，他们最后一起决定，给这个做什么事都快一拍的孩子找一点儿额外的事情来做一做，也让盖茨旺盛的精力和非一般的智慧得到进一步挖掘和发挥。

就这样，盖茨被安排到学校的图书馆去做一个小管理员，他们认为这对盖茨而言是一份富有挑战性的工作。图书管理员打量了一下这个身材瘦小、满头沙色头发的男孩，并给男孩安排了一份相当费时费力的工作——图书馆有一堆卡片，上面的书目有些是逾期很久未归还的，管理员担心这些书其实已经归还了，只是将卡片夹错了地方，因此需要查找核实一下。盖茨的父母也很满意盖茨的这份工作，认为可以让盖茨变得有耐心，有责任感。看着一脸欣喜的儿子，盖茨的父母放心地离开了学校。

当图书管理员细心地讲解有关杜威十进位制的图书分类上架法时，他竖起耳朵，一字不漏地仔细听着，老师讲解完毕后盖茨立刻心领神会。"老师，我即将要做的这件事是不是有点像侦探工作？"看着那一大堆写满字的卡片，男孩望着老师问。为了提起男孩的兴趣，老师微笑着回答："是的！"这下男孩可来劲了，老师回答的话音刚落，他就劲头十足地干了起来，像真正的侦探侦察案情时那样认真专注，他完全顾不上休息玩耍，甚至忘记了自己戒不掉的摇晃的习惯，盖茨安安静静地坐在办公桌上，聚精会神地整理着那些复杂的卡片，他生怕因为自己的不小心而弄错了任何一本书。当老师进来叫他休息时，他已经发现三本夹错卡片的书了。

他不肯休息，坚持要把活先干完。管理员说馆内空气不好，应该呼吸一下新鲜空气，他这才停下手头的工作。

第二天早晨，往常总是最后一个到学校的小男孩，早早就赶到了学校。他找到老师说："我昨天的工作还没有做完，我想今天把夹错卡片的书全部找出来，这样我才安心呀。"

男孩热情不减，乐此不疲。等到下午图书管理员下班的时候，满头大汗

图书馆一角

的男孩已经将那一堆卡片全部查找核实了。看着昨天堆满卡片而今天干干净净的桌子，男孩欣慰地笑了，觉得自己干成了一件伟大的事情。兴奋的男孩快乐地问老师："我是否够资格当一个真正的图书管理员？"老师看着这个可爱的、有着坚定决心的小男孩儿，肯定地点头说："毫无疑问，你是一个非常合格的图书管理员！我为有你这样认真的管理员而骄傲。"

听了老师的夸奖，男孩满脸兴奋，心里甜滋滋的。

可是，好景不长，盖茨的家要搬走了，盖茨也不得不转学到其他地方，令人愉快的管理员工作就这样中断了。临走的时候，盖茨很是舍不得自己心爱的工作，他伤心地问妈妈："我这一走，谁来整理那些站错队的书呢？"盖茨恋恋不舍地离开了这里。

可是，不要以为事情就这样被盖茨淡忘了，他丝毫没有因为自己的离开而忘记了自己心爱的管理员工作。盖茨的父亲看见自己的孩子如此热爱自己的工作，想念图书馆，父亲决定把盖茨转回原来就读的学校。在父亲看来，无论如何是不能够扼杀孩子良好的情趣的。

随着时间慢慢流逝，老师突然有些想念男孩，觉得他做事的专注和热情那么与众不同。几天后，男孩突然出现在了老师面前，这让馆里的管理员老师很高兴。盖茨非常快活地说："那边学校的图书馆不让我干活，妈妈又把我转回了这里。这下，我又可以找那些遗失的书了。"

看着满脸阳光的男孩，老师心想："做事这样专心致志的孩子，将来一定可以实现自己的任何目标。"尽管老师有所预料，但是他无论如何也没有想到，这个在图书馆里查卡片的男孩最终成为今天信息时代的奇才。

▶ 与艾伦的珠联璧合

保罗·艾伦是盖茨在湖滨中学结识的好朋友，他比盖茨大两岁，高出两个年级。艾伦是一个文质彬彬的小伙子，语声轻柔，为人谦虚，有很强的进取精神。他的父亲曾在华盛顿大学图书馆工作过二十多年，因此他有得天独厚的机会博览群书。他们相处久了之后，渐渐发现彼此有很多共同点。例如他们都喜欢阅读科幻小说，盖茨说保罗·艾伦读过的科幻小说是他的四倍。保罗·艾伦对自然科学也有广泛涉猎，能够把诸如"枪炮原理"和"原子反应堆"之类的问题讲得头头是道。他和比尔·盖茨在湖滨中学的计算机房里结成莫逆之交，两个人经常约好一起逃课去计算机房学习计算机，在一起长时间讨论计算机技术的现状和前景问题。

盖茨说："在我十四五岁时，有幸同保罗·艾伦做了朋友。在我遇上他不久，我问他汽油是从哪儿来的，我想知道，精炼汽油是什么意思，我想确切知道汽油怎样驱动汽车。虽然我已找到一本关于那个话题的书，但那本书让人迷惑。但是对于保罗，这一切并不复杂。汽油是保罗了解的许多问题中的一个，他以一种有趣而易于理解的方式解释给我听，也可以说，我对汽油的好奇心为我们的友谊添加了燃料……保罗对我想知道的许多事情都有许多回答，他还收藏了不少科幻书……我比保罗更擅长数学，我比他认识的任何人都知道更多的软件知识，我们互为对方的资料库。"

经过一段时间的熟悉和学习，他们对计算机的认识有了进一步的提高。

盖茨对实际应用程序格外感兴趣，而保罗·艾伦则喜欢探索计算机语言。比尔·盖茨在这台现在看来庞大得出奇、处理速度也慢得让人头疼的 PDP－10 型计算机上编出了第一个软件程序，目的是为了玩三联棋。由于这台计算机没有终端屏幕，为了下棋，他和保罗·艾伦只能在打字机式的键盘上输入棋步，然后静待打印机把计算机处理的结果印到纸上。这种玩法其实相当笨拙费时，远不如使用铅笔来得快捷简单。但是比尔·盖茨坚定地认为："关键是这台机器有那么一种妙不可言的地方。"盖茨和保罗打算在这台计算机上模拟成百上千的比赛，以便确定哪一种战略最为有效。

后来，盖茨回忆在湖滨中学的这段时间对他兴趣的发展所产生的意义时，用了一个非常形象的说法："跟所有的儿童一样，我

成长关键词 ↓ 好奇心、热情、爱心

们不仅胡乱鼓捣我们的玩具，我们也改变它们。如果你曾观察过某个儿童用卡通纸板和一箱蜡笔创造出一艘带冷温控制仪表的太空船，或是听到他们即兴制定一些规则，诸如'红色小车可以超越别的车'等的话，你就知道这种要求一个玩具具有更多功能的冲动是创造性儿童游戏的核心，这也是创造性活动的本质。"正是盖茨儿时的这种天性和他对一切事物的好奇与创造力，成就了他日后巨人的事业。

因为盖茨和艾伦两个中学生出色的计算机技术和不凡的智力水平。艾伦和盖茨的名字被作为已经为好几家本地公司编写过调试程序的神童而流传开来，两人都被华盛顿州电力网的自动化和计算机化的TRW 项目组雇用了。仅仅 18

比尔·盖茨和保罗·艾伦

岁，还在上学期间，盖茨一年就挣了足足 3 万美元。

在盖茨大学一年级暑假的时候，艾伦跑到波士顿，然后和盖茨一起在当地一家叫作霍尼韦尔计算机公司找到了工作。

就在他们工作后不久，电脑市场发生了显著变化，已露出了微型化的苗头。盖茨和艾伦都确信，电脑的发展已到了关键地步，一旦爆发，就会引来一场惊人的技术革命，电脑将走入千家万户，成为像电视机、汽车一样普及的物品。艾伦比盖茨更清楚地认识到这一点，因此，艾伦不断地对盖茨说："我们开家公司吧，我们自己干吧。"

当时，虽然盖茨很想与艾伦一起干，但他觉得创办公司的时机还没有成熟，于是，他决定继续留在学校，而艾伦仍留在霍尼韦尔公司工作。

后来，艾伦进入 MITS，担任负责软件开发的副总裁一职。念完二年级课程后，盖茨再也按捺不住，飞往 MITS，加入艾伦从事的工作，两人再次并肩作战。

尤其值得一提的是，经过两年的实践和学习，1975 年，年仅 20 岁的盖茨和他的朋友保罗·艾伦创建了电脑软件公司——微软。而且，微软在成立十四年后实现了他的目标，成为首家年销售额达 10 亿美元的软件公司。如今，几乎所有的工业和商业组织都依赖于电脑，依附于微软帝国建立起来的庞大的软件系统，只是程度上稍有不同而已。1998 年，当盖茨孜孜不倦于软件的创业历程时，他的财富如火箭般上蹿，每天进账最多达 5000 万美元。盖茨用自己奇异迷人的舞姿在悬崖边上迎风舞动出了动人心弦的华章。

为了这个公司，艾伦提前 6 个月从华盛顿大学辍学。艾伦说："我们现在不行动的话，就太晚了。"他希望在计算机语言行业里一试身手，开始他们心中的梦想。

公司的名称来源于在与密特斯公司签约准备合同文本时，无意识写下的这样一句话："保罗·艾伦和比尔·盖茨为做微型软件（Micro－Soft）而工作。"这个微软的公司名号让盖茨很是得意了一把。微软公司成立时，比尔·盖茨正好 20 岁。

为了公平划分股份，两位创始人靠比拼各自编写的 Basic 编译器代码数量来进行分配。最后，年长的艾伦心甘情愿地得稍少的股份，占了 40％。艾伦是一个喜欢技术的人，所以他专注于微软新技术的开发。盖茨则以商业为主，将销售员、技术负责人、律师、商务谈判员及总裁等职务一人全揽了，两位创始人配合得十分默契。

初生的微软依赖 MITS 帮他们推广 BASIC 语言，并从 MITS 拿到了 18 万美元的版权费。BASIC 语言推广开后，微软又赢得了 GE 和 NCE 这两个大客户。受到初战告捷的鼓舞，盖茨打算中断他和艾伦与 MITS 签订的合同，理由是 MITS 的领导者爱德华·罗伯茨没有尽最大努力将 BASIC 许可证颁发给其他计算机制造商。最终，争议被交付裁决，盖茨赢了。因此，Micro－Soft（他们不久即去掉了连接号）从此后向所有申请人颁发其语言的许可证，并开始建立自己的事业。

　　曾经，盖茨的电脑技巧与商业敏锐，加上希望赢的强烈愿望，使很多人相信他的商业之旅在哈佛也会出人头地。在出发上大学的头天晚上，18 岁的盖茨曾踌躇满志地宣布："我要在 25 岁之前赚到我的第一个一百万。"他确实做到了，并且超过 310 倍。但是此时他已经离开了哈佛校园，劝说他离开的正是保罗·艾伦。正是盖茨在哈佛期间，为第一台微型计算机开发了 BASIC 编程语言，使盖茨走上了创建微软软件帝国之路。

名人名言·朋友

1. 相知在急难，独处亦何益。

—— 〔唐〕李白

2. 万两黄金容易得，知心一个也难求。

—— 〔清〕曹雪芹

3. 海内存知己，天涯若比邻。

—— 〔唐〕王勃

4. 欲取鸣琴弹，恨无知音赏。

—— 〔唐〕孟浩然

5. 丈夫会应有知已，世上悠悠安足论。

—— 〔唐〕张谓

6. 少年乐相知，衰暮思故友。

—— 〔唐〕韩愈

Bill Gates

与计算机结缘

计算机科学就是有关计算机的，正如天文学就是有关望远镜的。

——〔荷兰〕艾兹格·迪杰斯特拉

▶ 为计算机着了魔

　　1968 年，当比尔·盖茨在湖滨中学的第一年临近结束时，学校作出一个对比尔·盖茨的未来具有重大意义的决定。当时，美国正致力于将卫星送上月球，由于计算机的飞速发展使得一种科技的狂热浪潮成为可能。湖滨中学校长毅然作出了一个决定，让学生去涉足这个崭新和令人兴奋的计算机世界。

　　那年秋天，比尔·盖茨和他的伙伴刚回到学校，在麦克阿利斯特厅前门附近的一个小办公室里发现一个机器，连带一个键盘和一大卷黄色纸。这个机器是 ASR—33 电传打字机，全世界的新闻编辑室都曾一度响过它那特有的嗒嗒声。电传打字机是衰落中的机器时代和迅速兴起的信息时代的结合物。这个有噪音的笨重电子机械新发明是个组合体，包括一个键盘、打印机、纸带穿孔器和阅读器，还有一个调制解调器，它可通过电话与外界联系。

　　假如你按动键子，电传打字机就会将特大号字母打在一大卷8.5 英寸宽的纸带上。你可以用穿孔器把你打的内容记录在一个薄卷纸带上，然后将它的内容变成声音，自动放送出来。但重要的东西是调制解调器，即两个"鼠耳"状环，它们紧卡在电话听筒上，使你与有时间共享计算机的人相互传输信息。起初的电传打字机使用地区线路，拨号进入通用电器公司的分时系统，这个系统只提供 BASIC 语言。数学教师保罗·斯托克林带着优等班的16 个学生进入麦克阿利斯特厅的小屋，用十几分钟按操作步骤进行一些讲解。他对计算机的知识也非常有限，那是他比这些孩子们懂得多的最后一次。这事很快在校园数学尖子中传开，被称为"计算机室"的麦克阿利斯特厅小屋出现电子热。

第三章　与计算机结缘

可想而知，计算机对有数学天赋的孩子产生了多么大的诱惑力。比尔·盖茨和伊文斯就是他们学校最先"染上"这种近乎奢侈爱好的两个学生。他们对计算机可以说是一见钟情，一接触它就爱上了它。计算机严正的逻辑和神奇的计算能力简直让这两个孩子着了魔。

孩子们谁也不知道怎样操作这个机器，甚至不知晓这是什么东西。但他们动手学习的能力很强，最终掌握得比接触它的教师和其他成人都要好得多。

湖滨中学成了当时美国最先有计算机机房的学校，学校的计算机房对几个优秀的学生尤其是比尔·盖茨来说已成了最吸引人的地方，仿佛这是一个强大的磁场，时刻都吸引着这几个低年级学生的魂魄。没有多久，这台机器就成了比尔·盖茨通向新世界的一根脐带。比尔的一生以这台机器为分界，以后的生活与之前的迥然不同。

湖滨中学没有正式的计算机课程，一小批人只是通过费力地硬啃通用电器公司有关 BASIC 基础指南学会它的。通用电器公司的 BASIC 以原始达特默斯版本为基础，本身尚未发展完全，它缺乏几乎最简单的数学功能，对控制字符串也束手无策，程序长度也受限制。

但是，这些缺点对正在摸索学习的初学者来说，几乎没有影响。比尔·盖茨第一个程序是输入用一种算数法则表示的数字，然后再把它转换成用任何其他算数法则表示的数字。他的老师所知道的所有计算机知识，比尔·盖茨用一星期就超过了。

有个高年级班学生操作 25 行的 BASIC 程序遇到麻烦，老师带他到计算机室，比尔·盖茨立刻嗒嗒打出答案。这个个子矮小、脸上长着雀斑的八年级学生比尔·盖茨很快挤进高年级学生的圈子。

比尔·盖茨把大量的时间花在了研究计算机上。不管什么时候，只要他有空余时间，他总会往湖滨中学的计算机房跑，全身心投入到这台机器上，反复进行操作和练习。

比尔·盖茨编写的第一个计算机程序即告诉计算机该做什么的一系列指令，是一种叫作"tick－tack－toe"的游戏。他当时为一种月球着陆器游戏编写了一个程序，该游戏要求使用者在宇宙飞船上的燃料彻底耗尽、飞船在月球表面撞毁之前完成一个软着陆动作。这个游

比尔·盖茨在计算机房

戏被证明多少带有某种预见性，因为 1969 年 7 月 20 日，载有宇航员尼尔·阿姆斯特朗和巴兹·奥尔德林的"阿波罗 11 号"宇宙飞船着陆器在月球表面"死海"着陆时，离燃料用完只有几秒钟的时间。当他编写程序的技能得到进一步提高时，比尔·盖茨就让计算机玩申请专利的"垄断游戏"。

艾伦和比尔·盖茨不仅花了大量的时间在计算机房里一起操作计算机，而且也用大量的时间来探讨有关未来计算机技术的问题。

后来，他们在计算机中心公司的计算机系统中发现病毒，这对比尔·盖茨和他的伙伴们来说是一个极具刺激性的工作，同时也是一个极具探讨意义的领域。他们把发现的问题逐一记录，汇编成册，命名为《问题报告书》。在 6 个月的时间中，这本《报告书》已增至 300 多页。《报告书》的大部分内容都是由两个孩子亲自记录的，这两个孩子就是比尔·盖茨和艾伦。

比尔·盖茨和艾伦不仅找到了"病毒"，而且还得到了那些对他们进一步了解计算机操作系统和软件有帮助的第一手资料。艾伦也曾敦促比尔·盖茨收集那些已经没有用的数据资料；这样，他就能够去琢磨那些由白天上班的人留下来的，也许是极重要的资料。

"我经常从咖啡渣中找出那些被扔的说明和注释，并且认真研

究了上面计算机的操作系统。"比尔·盖茨说。

尽管比尔·盖茨、艾伦和来自湖滨中学的其他小伙伴做了大量的工作，但计算机中心公司的兼容性软件在使用中还是不断地出现问题，要指望所有"病毒"全部消失，还需等上整整 7 年的时间。当计算机中心公司不再存在时，比尔·盖茨和保罗·艾伦在计算机方面的名气已远远超过著名的计算机程序编制员史蒂文·拉塞尔了。

奥古斯丁回忆说，"他对计算机迷恋程度可以说是同呼吸一样，以致经常忘记修剪他的指甲。他的指甲有时达半英寸长也无暇去修剪。从一定意义上说，他完全是一个沉迷者，不管他做什么，他都是那么投入。"

在比尔·盖茨毕业那一年的湖滨中学纪念册上还保存着一张比尔·盖茨当年的照片，比尔·盖茨躺在计算机房的一张桌子上，一顶滑雪帽盖在他的头上。

▶ 抓"臭虫"专家

比尔·盖茨进入湖滨中学不久，他就成了数学家和计算机方面的综合性权威"专家"，连许多高年级的大孩子也慕名前来向他请教一些计算机和数学方面的难题。他的好伙伴保罗·艾伦更是常常拿些怪题来考他。

他们两个人再加上另外两个同学，也是计算机爱好者的理查德·韦兰德和肯特·伊文斯，在湖滨中学组成了一个程序编制小组，指望利用那台计算机挣点钱，解决继续上机的问题。可不久后，湖滨中学就因为经费的原因，不得不停止了计算机的使用。

这使比尔·盖茨和保罗陷入了无尽的苦恼之中，眼睁睁地看着心爱的电脑在那里，却是可望不可即的，他们好像一瞬间失去

了精神的寄托。

突然有一天，保罗兴奋地对比尔·盖茨说："有了，有人愿意让我们免费使用电脑了！条件是只要我们给他们抓'臭虫'。"

"简直是雪中送炭啊，抓'臭虫'对我们这些高手而言，就是小菜一碟嘛！"比尔·盖茨听到这个好消息后，笑得合不拢嘴，一边摇晃着大脑袋一边得意地说着。

"臭虫"其实就是指计算机程序的错误，是电脑行业里人们称呼软件中的错误的代名词，即讨厌的"臭虫"（Bug）。"臭虫"就是电脑病毒，电脑一旦感染病毒就会出现各种或轻或重的问题，诸如导出错误结果或死机、白屏、蓝屏等。这可是不能小视的，想当年，美国发往金星的水手号火箭，就曾因为电脑软件出现故障（"臭虫"）而致使发射失败，造成了几亿美元的经济损失。

比尔·盖茨和艾伦一溜烟儿地跑到了这家叫作"计算机中心"的公司。

"你们有编制计算机程序的本事？"公司的工程师不敢相信自己的眼睛。

"我们是湖滨中学程序编制小组的。"比尔·盖茨和艾伦有条不紊地述说着各种软件编制的方法。几十分钟过后，在场的公司职员对这两个中学生刮目相看。

经理二话没说就和这两个孩子签订了工作合同，合同规定比尔·盖茨和艾伦可以使用该公司的计算机，但必须向公司提交软件程序错误清单和有关情况的报告。

每天晚上他们都准时来到公司，扎根似的坐在电脑前面，全神贯注地进行着各项工作。他们几乎每天都会在公司的记录簿上写上新发现的"臭虫"记录，久而久之，公司的电脑运行变得特别良好，而比尔·盖茨和艾伦也进一步领略到了计算机世界的神奇与美妙。

几个星期之后，计算机中心公司对这台 PDP－10 型计算机的检验终于完成了。经理把他们两个叫到办公室，对他们说："你们回家去吧！"

比尔·盖茨压抑住内心的怒火，冷静地问道："您的意思是要我们走人？您这不是过河拆桥吗？"

"软件的检验工作结束了，我们之间的合同也结束了。"经理回答。

"可是我们离不开计算机呀！"比尔·盖茨进一步解释着。

"这可需要按时付费了。不过看在我们曾经有很好的合作的情分上，我可以考虑给你们一定的优惠。"

"也只能这样了，不过希望您给我们的优惠能在我们所能承受的范围之内。"艾伦无可奈何地嘀咕着。

比尔·盖茨和艾伦悻悻地离开了。

"等着瞧吧。我们是不会轻易放弃的。我们这段时间全忙着为公司排除问题了，我们对计算机内的很多深层次内容还没开始研究呢。我们得想个办法再次杀回公司去。"比尔·盖茨可不是只顾着怒气冲冲的嚷嚷，在说话的同时，他脑子里早就想出了一个绝妙的法子。

第二天晚上，他们两个人又"厚着脸皮"来到了公司。

"唉，公司不是已经和你们两清了吗？你们怎么还来？"经理不耐烦地质问道。

"我们还有很多问题需要通过计算机来解决。"比尔·盖茨从容不迫地回答。

"可是，我已经说了，你们再用电脑就需要付钱了。"经理以为这样就可以为难到这两个小毛孩了。

"当然！"艾伦掏出50美元放在桌子上，一脸不屑地看了经理一眼。

经理无奈之下只能让他们继续使用电脑。

"我们真的能破解公司电脑的防护系统密码吗？"艾伦显得有些担心。

"一定能，就快完成了。"比尔·盖茨轻声地回答。

经理忙于公司的事务，没有过多地关注这两个孩子的举动。他以为这两个中学生只是还没有过足计算机的瘾而已，而完全没有想到他们正在破解计算机的防护系统。

"破了！破了！"比尔·盖茨抑制不住激动，压低了声音不停的说着。

比尔·盖茨终于破解了防护系统的密码。他们可以随意使用允许范围之外的信息资料了，那种激动和兴奋简直难以言表。

若要人不知，除非己莫为。没过几天，比尔就被叫到了校长办公室。比尔·盖茨心知大事不妙，东窗事发了。他硬着头皮走进办公室，只见"计算机中心"公司的经理正拉着脸坐在沙发上，艾伦、韦兰德、伊文斯也早已被叫来了，耷拉着脑袋，站成了一排。

校长直截了当地说："我希望有人主动出来交代清楚整件事情的原委。"

比尔·盖茨不慌不忙地说："我们当初为了争取到使用计算机的机会，和这个公司签订了合同，但是……"

比尔·盖茨还没把话说完，那个生气的经理就迫不及待地说："你就直接说是怎么在我们的计算机上搞鬼的吧。你们几个到底谁是主谋？"

比尔·盖茨毫不犹豫地站出来："都是我的主意，系统也是我破的，与他们三个无关。"

比尔·盖茨又说："我在使用计算机时，就曾思考过揭示密码防护系统的技术，如此便可以随意使用允许范围之外的信息资料……"

校长生气地说："学校教育你好好学习，你就是这样运用你的知识和智慧的吗？"

经理不想再听比尔·盖茨的解释，他严肃地说："虽然你还是个孩子，但由于你的捣乱，已经使计算机的安全系统遭到了破坏，整个系统在短短的一周内就崩溃了好几次，我们的客户怨声载道，已经很明显地表现出了对我们的不满和不信任，你无法想象你的行为给我们公司带来了多么大的经济损失！"

比尔·盖茨认识到了自己行为的严重性，他歉疚的说："对不起，我知道我没有那么多钱赔给您的公司，但是我有技术，我愿意无偿为公司服务，直到弥补完我的过错。"

"行了，我的小专家！你就饶了我们那几台计算机吧，再让你为我们服务，我们估计一个客户也没有了！"

比尔·盖茨委屈的泪水在眼里打转，这倒不是因为经理的训斥，而是他伤心自己又失去了一次宝贵的接触计算机的机会。但是，从这件事后，比尔·盖茨在湖滨中学的名声更响了，小小年纪便能破译公司的防护系统，大家暗暗称赞着这位爱闯祸的小神童。

▶ 第一笔生意

1971 年初，湖滨中学程序编制小组揽到了一项重要的业务。波特兰市的信息科学公司，这也是一家计算机公司，他们想请一批专业人士来为他们的客户编写一份工资表程序。公司总裁汤姆·迈克雷林知道湖滨中学有这样一群小伙子在编写程序方面非常在行，就派人找到了保罗·艾伦。

保罗兴奋地跑进教室，大声叫他的好友韦兰德。"告诉你一个好消息，信息科学公司想聘请我们为他编写工资表程序。"

"这真是一件令人高兴的事！我们赶快告诉比尔·盖茨和伊文斯吧。"

"不，我想不需要他们，咱俩就可以完成这项工作。"

韦兰德建议道："可是……我们从来没有编写过什么工资表程序呀，怎么能够胜任这项工作呢？还是找比尔·盖茨吧，这方面他很在行的。"

保罗考虑了一会儿，觉得这个建议很有道理。"好吧，那就让他们加入吧。"

他们找到了比尔·盖茨和肯特·伊文斯。

比尔·盖茨说："好吧，你们既然要我参加，那我就要统管这个项目。"

比尔·盖茨事后也承认，是他和伊斯文做了大部分编写工作。

保罗三人答应了，因为编制工资表程序的确是件麻烦的事情，要涉及税法、工资扣除法等法律和商业知识，没有比尔他们可干不了。

与信息公司的这笔交易可不是一件小事，比尔·盖茨动用了湖滨中学的很多计算机高手，为了提高大家的办事效率，他将这个精英荟萃的编程小组进行了整合，成立了一个正规的合作团队。

比尔·盖茨受资深律师父亲的影响，从小就具有极强的法律意识，也深谙经商之道，同时他也凭借自己过硬的专业知识，可以轻松地与信息公司周旋。顺理成章的，比尔·盖茨成了这笔大生意的核心人物。

比尔·盖茨统管这个项目后，在与对方谈判时提出，不按工时收费，而是按版权协议或项目产品利润收费。谈判的结果是他们获得了这个公司使用这个程序所获利润的10%。这家公司后来经销这个软件时，也按法律规定向他们支付版权费，另外还给了他们大约相当于1万美元的计算机使用时间。

这下，保罗三人真的服了比尔。他这么小的年纪，就已经知道按版权抽取利润，而且还是同一家大公司打交道。他们由衷地敬佩比尔的经济头脑，没有他，也许他们的劳动只能得到很少一点的报酬。

当时，比尔·盖茨和伊文斯都只有15岁，他们至今还保留着当年自己第一笔生意的整个工作过程的记录，这是他们以后成就大业的铺路石。伊斯文在一份记录中总结到："3月16日，是我们交差的最后期限，我们获益匪浅，因为在一个充满商业气氛的环境里工作，并且与政府有关部门打交道，使我们学到了许多东西。在过去的几周中，我们都竭尽全力去完成它。星期二，我们去了波特兰提交这个程序，当他们把它插入计算机时，打印机随后就打印出了一份关于未来工作的协议合同，由于它给我们带来了知识上的好处，使我们免付了昂贵的用机费用。所以，每一件事我们都干得十分漂亮，现在，我们也想获得某些经济上的权益。"

比尔把这件事得意地告诉了家里人，姐姐不屑一顾地泼他冷水："你别炫耀了，你的法律知识和商贸知识当然是受爸爸的影响。不然，你怎么会想到和人家谈版权费呀！"

比尔也不甘示弱："是又怎么样，不管我从哪里学到的知识，成功才是最重要的。"

当程序完成后，他们四个主要成员前往波特兰，参加信息科学公司的一次董事会。伊斯文在回忆录中说："他们给了所有人纸和笔，要我们写下个人简历，这样他们能够按照不同需要雇用我们。当然，这不得不再次提到钱的问题，艾伦、比尔·盖茨和我这次都不再希望以时间来获得酬金，我们一致希望按照项目产品和版权协议来给我们付费，因为此时，大家都受比尔·盖茨的影响，意识到了版税的金额将是非常之巨大的。由于我们的一个程序，我们得到了信息科学公司所获利润的大约十分之一，在公司长期的销售中，我们的酬金越来越多，因为按照法律，公司永远无权占有任何属于我们的那部分收益。"

很多年后，伊斯文的父亲在谈到比尔·盖茨等人的成功之路时，也提到了当年他们在湖滨中学所做的第一笔生意，老父亲说："如果有人想知道为何比尔·盖茨会取得如此辉煌的成就，我认为这主要是由于他早期经商所积累起来的宝贵经验。"

名人名言·成功

1. 成功的秘诀，在永不改变既定的目的。

——〔法〕卢梭

2. 当你希望成功，当以恒心为良友。

——〔美〕爱迪生

3. 成功＝艰苦的劳动＋正确的方法＋少说空话。

——〔美〕爱因斯坦

4. 自信是成功的第一秘诀。

——〔美〕爱默生

5. 成大事者，不恤小耻；立大功者，不拘小谅。

——〔明〕冯梦龙

6. 我成功是因为我有决心，从不踌躇。

——〔法〕拿破仑

7. 成功是结果，而不是目的。

——〔法〕福楼拜

8. 有所成就是人生唯一的真正乐趣。

——〔美〕爱迪生

◁ 第四章 ▷

Bill Gates

哈佛的大学生活

比起哈佛大学的毕业证书,读书的
好习惯更加重要。

——［美］比尔·盖茨

▶ 进入梦想中的哈佛

作为世界顶尖级别的大学，哈佛里精英荟萃，比尔·盖茨与他们的相处如鱼得水。他在大学得到了很多东西。

哈佛大学的前身是哈佛学院，创建于17世纪30年代，最开始名为坎布里奇学院。办学的初衷是为了培养牧师，以便在美国这个殖民国家保存并发扬欧洲的传统文化。

办学不到两年的时间，出现了一位名叫约翰·哈佛的学校领导，他将他身家财产的大部分和自己的私人图书馆无偿捐献给了这所成立不久的学校。此后，人们为了纪念这位了不起的人物，便将学校更名为哈佛学院。约翰·哈佛的塑像从此也一直矗立在美丽的哈佛学院里面。

到了1978年，学校的规模越来越大，名声也越来越响，校长决定将校名更改为现在的哈佛大学。学校有12个学院，4000多位教师，3万多名学生。此外，还有1500多位外国留学生，并且其中的绝大部分都是研究生。学校有三分之二的学院在坎布里奇，另外的小部分位于波士顿。

哈佛也是闻名全球的名牌高校联盟——"常青藤联盟"的领袖。这个联盟包括哈佛、耶鲁、普林斯顿、哥伦比亚、布朗、达特默恩、宾西法尼亚、康奈尔等多所美国历史悠久、实力雄厚的高等学府。而这些学校有一个共同的特色——教学楼的墙壁上长满了常青藤，这个强大的高校联盟也就因此得名。

哈佛的校训闻名全球，那就是："为增长智慧走进来，为更好地为祖国和同胞服务走出去。"哈佛也很推崇"与柏拉图为友，与亚里士多德为友，更要与真理为友"这一理念。

数不清的社会精英从这个校园里走出：7 位美国总统，12 位副总统，33 位普利策奖获得者，37 位诺贝尔奖获得者，数十位跨国公司的总裁，十几位最高法院法官以及众多的国会议员，在全美 500 家最大的财团中有 2/3 的决策经理毕业于哈佛商学院……

哈佛大学校门

成长关键词
好奇心、热情、爱心

比尔·盖茨的父母一直以为比尔·盖茨如此迷恋计算机，主要是因为他总是对新鲜事物感兴趣，等过几年，盖茨长大了就会对计算机淡漠了。在他们内心深处，一直希望比尔·盖茨能够子承父业，像父亲那样成为一名受人尊敬的、有社会地位的律师。

倘若比尔·盖茨进入哈佛学习，对他们来说，实在是再好不过的事情了，他们认为好好读书，学习法律才是盖茨最正确、最明智的选择。事实上，当时的比尔也确实有过做律师的想法，虽然他最喜欢的学科仍是抽象数学和经济学。同时，他还认为哈佛大学无疑是个人才荟萃的宝地，是享誉世界的资深学府，能进入这所世人瞩目的学校深造，不是谁都有机会的。进入哈佛大学之后，他可以向许多比他更有才华的学生学习，向更多学识渊博的教授请教。因此，盖茨在临近中学毕业的时候，努力复习，为了心中的哈佛刻苦奋斗着。

功夫不负有心人，1973 年的盛夏，比尔·盖茨以全国资优学生的身份，进入了梦想中的哈佛大学。这让盖茨惊喜不已，毕竟，哈佛这样一个人人都想考入的大学，并不是那么容易考入的。这个日后哈佛校史上最著名的辍学生在哈佛大学公布录取结果之前，一颗悬着的心久久不能安定下来。许多年后，他依然对当年焦急等待的心情记忆犹新。

在哈佛大学的芸芸学子中，比尔·盖茨是典型的大一新生，被新的要求和更激烈的竞争弄得步调大乱。在这个宽松的环境中，比尔·盖茨遭遇到了人生第一个打击：他发现周围的每个人都和他一样聪明，甚至有些人考试成绩比他还好。在他的一生中，第一次不能只在考试时露个面就获得一门课的满分。比尔·盖茨的竞争天性被最大程度地激发了出来，他把自己投入到异常刻苦的学习中。

比尔·盖茨入学时，担任校长的博克（Bok）正在大刀阔斧地进行着传统本科课程体系的改革，重申"每个哈佛本科生都应该被宽广地教育"这一原则的同时，还强调了对现代学生必不可少的 7 个知识领域中掌握入门方法的学习。由此，哈佛的教学方法变得更为灵活，他在读本科的时候，除经济、历史、文学、心理学等必修课之外，还可以选修数学、物理学和计算机等课程。更难得的是，学校允许学生同时攻读研究生课程。比尔·盖茨进大学后也获得批准同时攻读本科和研究生课程。他对法律以及一些学科实在没有多大兴趣，抱着无所谓的态度，庆幸的是每次考试成绩也不算差。

就读于法律预科班的比尔·盖茨第一年就选修了哈佛大学最难的数学课——"数学 55"，研究生级别的数学和物理课占去了他初进大学那一年将近一半的宝贵时间。数学、科学、法律、经济等诸多职业生涯规划都曾在他的脑海里闪现过，他曾经期望当一名数学教授，也迷恋过科幻小说，热衷过心理类、经济类书籍，但是最终，他还是把主要的精力花在了计算机方面，在哈佛大学的艾坎计算机中心里度过了许多个不眠之夜。他的学习方法不寻常：先蒙头大睡，然后不间断地学习 36 个小时，接着再睡上 12 个小时，醒来吃下一个加大的比萨饼后再开始下一轮的长时间战斗。大学生活和让他感兴趣的新领域没有丝毫减弱他对计算机的狂热，也是在这个时候，人类技术发展的步伐开始加快了。

名人名言·知识

1. 人生处万类，知识最为贤。

——〔唐〕韩愈

2. 知识是治疗恐惧的药。

——［美］爱默生

3. 知识是为老年准备的最好的食粮。

——［古希腊］亚里士多德

4. 趁年轻少壮去探求知识吧，它将弥补由于年老而带来
   的亏损。智慧乃是老年的精神养料，所以年轻时应该
   努力，这样，年老时才不致空虚。

——［意大利］达·芬奇

5. 知识是精神食粮。

——［古希腊］柏拉图

6. 学习知识要善于思考，思考，再思考。我就是靠这个
   方法成为科学家的。

——［美］爱因斯坦

7. 知识分子优于文盲，如同活人优于死人。

——［古希腊］亚里士多德

▶ 数学奇才

比尔·盖茨在谈到数学与电脑的关系时说："很多著名的电脑专家都有深厚的数学功底，这有助于他们把握证明定理的纯粹性。这种纯粹性只能用确切而非含糊的语言来论述。在数学中，你不得不把定理用一种潜在的方式加以联系，你经常得证实能在更短时间里解出一道题来。数学与电脑程序设计有着非常直接的关系。这一点也许在我心目中要远远胜过别人，因为这是我看问题的出发点，我想这两者之间有一种很天然的联系。"

在哈佛大学，比尔·盖茨在数学方面最得意的一次是提出了解决一个数学难题的方法。那是刊登在数学杂志上的难题：一个厨师做了一叠大小不同的煎饼，他要不断地从上面拿起几个煎饼翻到下面，最后使煎饼按大小顺序排列，最小的煎饼在上面，最大的煎饼在下面。试问：假如这里有 N 个煎饼，厨师需要翻动多少次，才能完成这个排列。

数学教授克里斯托斯·潘帕莱米托说："这个问题看起来不难，做起来却很不容易。比尔·盖茨说他知道一个办法可以解决这个问题，而且这个办法比其他人的都要好。他对自己的这个办法作了很详尽的解释，我耐心听完了。"他把比尔·盖茨的方法记录下来，并发表在 1979 年的一期《非线性数学》杂志上。比尔·盖茨的这个史无前例的解法使这一难题取得了突破性进展，其影响至少可以在数学界持续 15 年。

当时，连许多高年级学生都来向他请教，其中包括保罗·艾伦。艾伦比比尔·盖茨高两届，他常向比尔·盖茨挑战。当他遇到难题时，就对比尔·盖茨说："嘿，我敢打赌你不会做这道题！"而争强好胜的比尔·盖茨就会设法证明他的话是错误的，不管这道题有多难。他们在这种挑战和应战中得以互相提高。比尔·盖茨的天才在于他善于寻求解决问题的方法，而这种特长与开阔的思路以及丰富的知识、经验是分不开的。

盖茨虽然不是哈佛大学数学领域的顶尖人物，但他的计算机水平已经胜人一筹。他在这方面所具备的天赋和表现出来的惊人创造力给学院的教授留下了深刻的印象。一位叫汤姆·哥塔姆的教授评价说："在计算机学科方面有许多优秀的学生，当他们第一次跨进计算机领域的时候，你便能看出他们之中哪些人将是未来计算机领域的领军人物。"

盖茨师从哥塔姆教授，学习计算机相关科目，但是，师生之间相处得并不愉快。"盖茨是个有个性的小伙子，很有这方面的才华。"教授回忆道，"在哈佛这个处处皆人才的地方，不乏来自世界各地的优秀学生，高手云集，在此种情况下，如果你比同龄人略强一些，你或是努力表现得谦逊，或是表现得令人反感生厌。盖茨便属于后一种人。"

后来的事实证明，桀骜不驯的比尔·盖茨在计算机领域的技术日臻炉火纯青，计算机软件事业的大门为他完全敞开了。在后来的微软公司，盖茨的职员们幽默地用计算机语言来描述比尔·盖茨："比尔·盖茨拥有令人难以置信的处理能力和无限的带宽，他十分擅长并行处理和多任务处理。现在，比尔·盖茨可以同时在两台计算机上工作，一台从互联网络中连续不断地获得数据，另一台处理着上百封电子邮件和备忘录，把他的大脑与网络连成一体。"他加工提炼信息的能力实在惊人，也许他的思维真是数字化的。正是这样一个具有"革命"头脑的人领导了个人计算机革命，并将微软变成了一个媒介和网络巨人。

比尔·盖茨善于编程的其中一个原因就是程序本身蕴含的运算性与逻辑性。他良好的数学基础和丰富的科学知识，使得他在编程方面有着天然的优势。

比尔·盖茨本来可以按照许多同学和老师的估计，在数学方面继续发展，但他发现还有几个同学在这方面比他技高一筹，所以放弃了专攻数学的打算。因为他素来有一个人生信条：在一切事情上绝不屈居第二。

盖茨分析道："我在哈佛和好几个数学系的同学打过交道，其中包括弗雷德·康芒纳，也就是赫赫有名的科学家兼作家的巴里·康芒纳的儿子。我清楚地认识到，他们的数学学习和研究能力都远远在我之上。我无法在任何事情上屈居第二，因此，我决心放弃自己的所爱。在这种情况下，如果换一个人，他也许会坚持下去，坚持自己的喜好，因为谁又能说，不是第一名就一定不能够干出一番事业呢？但是，我始终做不到。我一直在思考，我应该干一点更好的事情，并取得别人无法企及的成就。对于数学，即使我苦干数年，也不一定能做到遥遥领先。我面临着一个充满机遇的世界，我心里不受任何限制，我曾想学习法律，去做一名父亲那样的律师，我也曾动过搞生物学的念头，去研究大脑的科学，然后在人工智能方面有所作为，当然，我也想过进行计算机理论研究。总之，我放弃了数学，并努力思考着如何抉择。"

但塞翁失马焉知非福，如果不是他心甘情愿地放弃，也许今天我们看到的会是一个顶着数学家头衔的比尔·盖茨，而非微软帝国的电脑天才。

名人名言·数学

1. 宇宙之大，粒子之微，火箭之速，化工之巧，地球之变，生物之谜，日用之繁，无处不用数学。

——华罗庚

2. 一个没有几分诗人气的数学家永远成不了一个完全的数学家。

——［德］维尔斯特拉斯

3. 数学是无穷的科学。

——［德］赫尔曼·外尔

◁ 第五章 ▷

Bill Gates

退出哈佛

最可怕的敌人，就是没有坚强的信念。

——［美］比尔·盖茨

▶ 计算机革命

1974年冬天，保罗·艾伦一大早就穿越哈佛广场来看比尔·盖茨。

走到哈佛大学书报亭的时候，艾伦突然停住了脚步，他被一本《大众电子》杂志吸引住了。原来这期杂志的封面上刊载了一台计算机的照片，它只有电烤箱那么大。这就是世界上第一台微型计算机。

艾伦赶紧买下了这本杂志，并仔细地读了起来。这正是使用8080微处理器的计算机，叫阿尔塔，是艾德·罗伯茨开发的产品。可是因为没有软件，这台计算机还不能运行。

艾伦马上找到比尔·盖茨，把这件事说给他听，两个人立刻决定打电话给罗伯茨。

比尔·盖茨焦急地说："罗伯茨先生，我们是西雅图交通数据公司的代表，我们研究了《大众电子》上的那篇文章，发现我们开发的一种BASIC语言，完全可以应用到你的计算机上，我们可以就这件事详细谈谈吗？"

老练的罗伯茨一听就知道是小孩子，他根本不相信比尔·盖茨他们的话。

"小伙子，你不要再谈了，已经有50个人和我谈过类似的话，我都不会相信的。我只相信结果，如果谁能提供最成熟的语言，我就和谁合作。"罗伯茨简短地结束了通话。

比尔·盖茨和艾伦并没有灰心，他们又写了一封长信，详细说明了他们研制的成果，并再三保证这种BASIC语言完全可以在8080微处理器上使用，每套售价只要五美分。

罗伯茨看到信后，产生了强烈的好奇心，于是拨通了信上标注的电话号码。遗憾的是，粗心的比尔·盖茨居然写的是湖滨中学的电话号码，学校的人根本不知道这件事，罗伯茨认为这不过是有人开玩笑而已。

又过了几天，有人向罗伯茨说起了交通数据公司。罗伯茨才与他们取得联系，这真是值得庆幸！比尔·盖茨和艾伦没有想到罗伯茨会找上门来。两个人决定利用哈佛大学实验室的计算机来模拟阿尔塔微处理器进行研究。四个星期后，BASIC语言的编写已基本完成，于是他们再次给罗伯茨打电话，说他们已经成功地在阿尔塔上应用了BASIC语言。而实际上，这是他们的一个小小的谎言，因为他们从未见过阿尔塔计算机。

罗伯茨听到这个消息后，半信半疑："如果是那样的话，你们就来我这里，给我演示一下。"罗伯茨和他们约定在三个星期后见面。

同罗伯茨约定的日子到了，比尔·盖茨决定让艾伦一个人先去。为了保证万无一失，他又一次仔细地把程序检查了一遍，然后交给艾伦。

在艾伦的想象中，罗伯茨的办公室一定坐落在市区的大厦里，宽敞明亮，气派豪华。他坐在罗伯茨的卡车里，拐来拐去后竟在一家洗衣店旁停了下来，罗伯茨指着旁边的一个店铺说："这就是我的办公室。"这大大出乎艾伦的意料，想不到阿尔塔这样一台微型计算机竟会出自这里。他们准备马上试验比尔·盖茨用BASIC语言编制的第一套软件，那是模拟宇宙飞船在燃料用完之前在月球上着陆的程序。

比尔·盖茨一向贪睡，可这天早晨却起得比任何同学都早，不声不响地走出了宿舍。

比尔·盖茨来到离校门口不远的那个啤酒屋，要了一杯啤酒和几块点心，慢慢地吃喝起来。他不时地瞟着吧台上的那部电话。

一杯啤酒刚喝光，同学鲍尔默探头探脑地走进来："嗨，你真跑这儿来啦？这些日子你怎么回事？总神神秘秘的，找你玩扑克也不玩！失恋了？"

"都不是……"

"到底是怎么了嘛?"

比尔·盖茨又看了一眼电话机,说:"我们一边喝酒一边说。"

鲍尔默要了两杯啤酒。

比尔·盖茨说:"我来是等个电话。你知道我的好朋友艾伦吧?他昨天去了新墨西哥州的阿尔伯克基。我们约定今天上午他往这里打电话。"

"怎么不让他往学校打电话?"

"学校的电话太忙。况且,我也不想把我们的事张扬开来。"

"到底什么事啊?"

"关于计算机方面的事。你不知道,阿尔伯克基的微型仪器遥测系统公司新生产出一种微型计算机,叫阿尔塔……"

"我不太懂计算机,你别说得那么专业。"

"简单说吧,这种微型计算机使用的是英特尔公司新推出的 8080 芯片,我和艾伦早就预见到这种芯片适用于微型计算机,就给一些大公司写信,建议他们生产微型计算机,我们可以为这种芯片编写一种新的 BASIC 语言。"

"但我们的信件都没得到答复。没想到阿尔塔却问世了。我们在《大众电子》杂志上得知这一信息后,立即与生产阿尔塔的公司联系,提出为他们编写 BASIC 语言,因为阿尔塔使用的正是 8080 微处理器。"

"那家公司的老板让我们试试。于是,艾伦在计算机上做出了阿尔塔处理器的模拟器,我开始编制 BASIC 语言程序。我们依靠的参考资料只有《大众电子》上的那篇文章,还有 8080 芯片的详细说明书。"

"我们苦干了八个星期,终于完成了。于是,昨天艾伦带着我们编制的程序飞往阿尔伯克基。"

"我看你挺紧张,是不是怕你们的东西不行?"

"我心里真没底。因为我们没见过阿尔塔计算机,也没见过 8080 微处理器。鬼知道我们编制的程序对阿尔塔是不是好用。"

电话机响了。

胖老板娘接起了电话,转身询问比尔·盖茨和鲍尔默:"你们谁叫比尔·盖茨，长途电话。"

比尔接过听筒，颤声问："怎么样？"

听筒里传来艾伦激动的声音："比尔·盖茨，我们成功了！你猜他们经理怎么说，他高喊着他们的机器终于成了有用的机器，而这多亏了我们的程序。他们已答应按我们的条件订购软件。"

"好极啦！"

比尔·盖茨一听到这个消息，马上就意识到他编写的 BASIC 语言不仅可以使阿尔塔腾飞，而且对于整个计算机行业都具有革命性的意义。

由于比尔·盖茨和保罗·艾伦研制的软件使计算机进入了全新的实用领域，计算机得到了迅速而普遍的推广，在很短的时间内由美国西北部蔓延到了整个美国。人们争相购买这种计算机。不久，计算机热潮席卷了全世界。

推动计算机革命的人物比尔·盖茨和保罗·艾伦，当时年龄分别不到 20 岁和 22 岁，真可谓是自古英雄出少年。

一天，艾伦给比尔·盖茨打来电话，邀请比尔·盖茨一起去罗伯茨的公司上班，因为这个公司给他俩提供了不错的职位和很高的工资。比尔·盖茨谢绝了艾伦的邀请，他说："其实，我心里时时刻刻都在盘算着自己的前程。"

保罗·艾伦独自进入了罗伯茨的公司，于 1975 年 5 月到他的公司任软件部经理，专门负责开发软件，其实他不过是个光杆司令——所谓的软件部也就是他一个人而已。这个公司已经名扬四海，就像一块强大的磁铁，吸引着无数计算机爱好者，这些人做梦都想拥有一台个人计算机。罗伯茨把这种庞然大物缩小成了可以放进书房的玩意，当时的美国人都希望率先掌握这种有可能领导新潮流的技术。因此罗伯茨的公司生意兴隆，忙着生产阿尔塔计算机。

比尔·盖茨仍然回到哈佛大学念书、打牌，做他并没有多大兴趣的事情。艾伦动员比尔·盖茨假期中也到这家公司继续改进 BASIC 语言。

比尔·盖茨研制的 BASIC 语言经过无数次改进，已经达到了在当时看来相当高的水平：使用者一旦出错，它就会发出提示，告诉错误出在什么地方；另外，它不会像当时的许多软件一样，因为自身有错误而导致死机。

一天，比尔·盖茨和保罗像两个打了胜仗的将军，得意地走进一家冷饮店。两个人一边吃着冰激凌，一边愉快地交谈着。

"比尔·盖茨，我们还不能满足于目前这点成绩，还有许多事情要做。"

"是的，我也是这样想的。我还要把 BASIC 语言再检查几遍，其中有些小的程序错误，还要挑出来并改正它。"

"我先回霍尼韦尔，在那里可以一边工作，一边编制新程序，以便为将来做打算。"

比尔·盖茨满怀喜悦地回到了宿舍，一头倒在了床上。BASIC 语言在阿尔塔上运行成功，这给了比尔·盖茨莫大的鼓舞。他再一次意识到哈佛大学的生活已经索然无味了，一个具有挑战性的全新领域在向他遥遥招手。

▶ 掌控自己的命运

成功之后的保罗与比尔再次商定要办一家属于自己的软件公司，他们坚信靠出售他们发明的软件可以赚一大笔钱。这时的比尔面临一个艰难而重大的选择：要么不办公司继续留在哈佛读书，要么办公司而告别哈佛。鱼与熊掌不可得兼，创业与哈佛，他只能选择一样。

经过再三思考，比尔终于决定离开哈佛，立即投身计算机事业。他的决定理所当然地遭到了父母的强烈反对。

母亲一听说比尔·盖茨的决定就着急了，她说："孩子，你这个决定太轻率了，哈佛的学位是无数人一生为之奋斗的目标啊。"

父亲也皱起了眉头："我觉得，你创办软件公司与完成学业并不矛盾。为什么不能安心等到毕业之后再去创办公司呢？扎实的知识积累不是更加有助于你日后的事业发展吗？"

比尔·盖茨坚决地说："爸爸，妈妈，我知道你们完全是为了我的前途着想。但是，我想说，我对计算机前景的预见要比你们远一些，我知道一场席卷全球的计算机革命即将来临。如果错过这一大好时机，我将遗憾终生。如果我抓住了这个机会，也许就能取得无比辉煌的成就，那么，退学哈佛也是值得的。"

母亲轻叹了一声，说："好吧，我的儿子。你可以说我们是计算机方面的外行。我们会找个内行来和你谈。我们知道，不说服你，而强迫你留在哈佛，也不是办法。"

比尔·盖茨母亲所说的行家就是一个白手起家的千万富翁，一位著名的慈善家，也是受人尊敬的商业领袖——斯托姆。他靠电子业致富，也精通计算机技术。

在与斯托姆交谈中，比尔·盖茨详细而真诚地做了解释，他认为个

比尔·盖茨的父母合影

人电脑时代已经到来，这正是他大显身手的好机会。他还用极富激情的语言描绘了未来远景。斯托姆被打动了，衷心地说："任何一个对电子学略有所知的人，都应该明白这确实存在，并且新纪元确已开启。"有了斯托姆的鼓励和指点，比尔·盖茨退学的念头更坚定了。这下，再也没有任何人、任何力量能够阻止比尔·盖茨创业的脚步了。

比尔·盖茨牢牢地掌控了自己的命运。不按人家说的"应该怎样做"或"不应该怎样做"，这也成了比尔·盖茨性格中的最大特点。

1975 年 7 月，比尔·盖茨和保罗·艾伦多年来的梦想终于如愿以偿：他们在新墨西哥州的阿尔伯克基正式创建了微软公司。

距离毕业只有半年的比尔·盖茨也永远离开了哈佛。很多年后，当人们问到当年创办微软是否担心会失败时，比尔·盖茨表示，他是一个非常走运的人，"在适当的时候出现在了一个正确的位置上。那个时候计算机技术刚刚起步，我想即便不从哈佛退学，创办微软，那个位置上也同样会有别人出现。"比尔·盖茨说。

当比尔·盖茨决定从哈佛退学，曾受到许多亲朋好友的劝阻，其中也包括比尔·盖茨在哈佛所结识的一位天才学生史蒂夫·鲍尔默，此人对他的影响之大就像他高中时的老朋友保罗·艾伦一样。有趣的是，数年后，当史蒂夫·鲍尔默来到斯坦福大学商学院攻读 MBA 课程时，比尔·盖茨又来劝他退学去共创天下。经比尔·盖茨的轮番劝告，最后史蒂夫·鲍尔默从斯坦福退学，去了比尔·盖茨创办的当时只有 20 来人的微软公司。

比尔·盖茨果断退学这件事，是经过反复思考才决定的。比尔·盖茨敏感地意识到，计算机的发展太快了，等大学毕业之后，他可能就失去了一个千载难逢的好机会。他热爱的只有他的电脑，只有在电脑前，他才觉得自己是伟大的，只有在电脑前，他才能感觉到自己的价值，对于这个还有点孩子气的年轻人，电脑意味着他全部的事业。他果敢地把握住了机遇，为他开创软件王国的霸业拉开了序幕。

一直以来，比尔·盖茨都有这样一个想法："每张书桌上会有电脑，每个家庭会有电脑。"而"每台电脑都用微软产品"则是他的梦想。这个梦想源于比尔·盖茨和保罗·艾伦具有预见性的创业计划。

放弃了哈佛大学的比尔·盖茨转而从事自己喜欢的计算机行业。他专注于软件，31 岁时成为最年轻的自力更生致富的亿万富翁。比尔·盖茨的父亲说有一些迹象显示他的儿子或许不是一般人，但没想到会有如此的成就。"在他的班级里有许多聪明的孩子，他或许不是最聪明的。他很早就表现出令人诧异的独立性，他的性格、字里行间都显示出他的想法非常独立。"

第六章

Bill Gates

微软起步

成功并没有什么秘密，他们只不过
是适应了时代发展的变化。

——［美］比尔·盖茨

▶ 盗版风波

"微软"二字是微型计算机和软件的缩写。这个公司就其实质而言，并不是他们原来创建的那个交通数据公司，这两个公司在法律上是完全独立的个体。按照比尔和保罗当时的协定，微软公司的权益按个人投入的劳动分配，比例分别为：比尔占 60％，保罗占 40％。后来这个比例又调整到 64％和 36％。

在起步阶段，微软还只是一个名不见经传的小公司。因此，公司成立后，比尔·盖茨找到了罗伯茨，想借助他公司的名气，为微软销售 BASIC 软件。

"办法很简单，"罗伯茨说，"我在销售的时候可以采取搭售的办法。谁买这套

现在的微软公司大楼

软件，谁就要买我的机器。不然的话，这软件的价钱可是很高的哟。"罗伯茨自认为这个办法很好，但不久就遭到了客户的极大反对。因为单买一套 BASIC 软件，价格比机器还贵。再加上罗伯茨制造的计算机质量欠佳，又不能向用户如期交货。寄出去的存储卡往往不能正常工作，顾客急需的 BASIC 软件因"暂时无货"而久久收不到，这使用户对罗伯茨的微型仪器公司大为不满，也直接影响到了微软公司的效益。

比尔·盖茨看见了这种销售方式产生的不良后果，决心不再

把软件作为计算机的搭配出售，而必须向公众建立软件是单独一种商品的概念。

一天，比尔·盖茨和保罗找到了罗伯茨。"我们有一个想法，也许对咱们两个公司都有好处，想和您商量一下。"比尔·盖茨委婉地说。

"什么样的想法？说出来看看。"

"我想把 BASIC 语言一次性卖给您，怎么样？"

罗伯茨一下子从椅子上站了起来，两眼死死地盯了一下比尔·盖茨，之后在办公室里来回走着。

"看在我们两个公司合作这么长时间，大家又都是朋友的份上，价钱么，可以低一些，就 6300 美元吧。您看怎么样？"此时的比尔·盖茨完全变成一个出色的生意人。

"不不不。"罗伯茨连连摆手，"我怎么能占你们的便宜呢？我看，咱们还是像以前那样合作为好。"

"这个价格已经很低了，如果您嫌高，我们还可以再让一些。"比尔·盖茨有些着急。

罗伯茨连连摇头。"不是价钱的问题。我不会一下子买断的，咱们还是按以前的协议一起合作吧。"

无论比尔·盖茨怎么劝说，罗伯茨就是不同意一次性买下BASIC 语言。

后来，一个硬件工程师问罗伯茨："为什么不买下他们的 BASIC 语言呢？6300 美元多便宜呀，这两个人已经从我们这里拿走 18 万美元了。"

"你懂什么？如果他俩把 BASIC 语言一次性卖给我，他们马上就会离开我们公司。那以后谁会为我们开发新的软件程序呢？如果 BASIC 语言出现程序错误，谁会修改呢？你会吗？"原来，罗伯茨一直都以比尔·盖茨和保罗·艾伦为他开发 BASIC 软件作为噱头。

过了一段时间，有人在计算机俱乐部的一个展览场里意外地拾到了罗伯茨微型仪器公司的 BASIC 语言打孔纸条，便交给一名

叫丹·索科尔的人复制。于是，微软公司的 BASIC 软件被无穷尽地拷贝出来，免费送给所有阿尔塔的使用者和业余计算机爱好者。微软公司的收入由此大受影响。

在电脑行业，不少电脑软件或硬件公司经常犯同样的错误，他们为了短期的利润而放弃了建立整个行业构架标准的机会，通常这些公司特别积极地去促销自以为得意之作的软件产品，却忽略自己长远发展的潜力，尽管挖掘这种潜力并不容易，但对于资金不足，产品销路不畅的小公司来说，是特别重要的。这点对于成熟的大企业也是不应忽略的。盖茨初步领略了商场的潜规则。

盖茨也是第一个站出来抗议盗版软件的人，他认为如果电脑使用者不付钱就可以随便使用各种程序，那么软件工程也就从此止步不前了。"真是赤裸裸的盗窃！怎么能这样抢夺我们的劳动成果！"比尔·盖茨暴跳如雷地说。

"再说，这个软件还不完善，我们是想将其中残存的错误清除干净后再公开发行的。"保罗·艾伦也十分气愤。

盖茨说："诚如大多数玩家应该了解的，他们大多数的应用软件都是通过非法渠道偷来的，他们认为，只有硬件是必须花钱买的，软件却是可以随意分享的东西。谁在乎开发软件的人能不能拿得到钱呢？"

盖茨和艾伦全面思考了目前软件市场的经营状况和人们对软件的使用情况，他们对所有调查资料进行了深入的分析。最后比尔·盖茨和保罗·艾伦决定采取一个新的方法，使自己完全摆脱盗版者的困扰。

"我们可以在非专有的基础上将 BASIC 语言一次性发放许可证，固定费用为 3.12 万美元。这笔钱在两年内以每月 1300 美元的价格付清。"比尔·盖茨建议道。

保罗拍手叫好："好啊，这样一下子解决了两个问题：一是我们微软公司可以保留对产品的控制权；二是微软公司可以忽略盗版者。至于微型仪器公司怎样再对 BASIC 语言索价，就由他们自己定了。"

"对，就是这样，微型仪器公司也可以不定价。至于软件的好坏，与微软公司无关。"

就这样，微软公司基本上从盗版风波中解脱出来。

而且，从此以后盖茨一直关注着盗版问题，并不断寻求新的防范举措。在1997年11月，盖茨与菲律宾总统菲迪尔·拉莫斯在美国见面，签署了一项协定。微软承诺协助菲律宾发展长远的信息科技计划，建立该国的英特网网址，用于政治和教育事业。菲律宾则许诺，依法保护微软的知识产权。协议签署后，盖茨授予菲迪尔·拉莫斯一份证明书，将菲律宾政府所用的大部分盗版微软软件合法化。菲律宾政府则能够以半价购进微软的最新软件。这项重大举措，是全球范围内对盗版软件行为的打击。

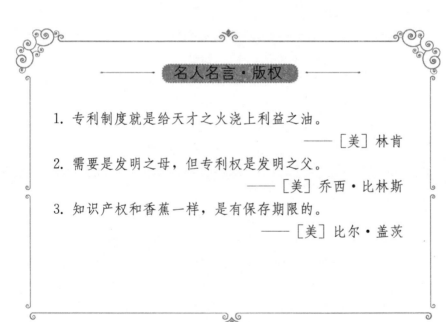

名人名言·版权

1. 专利制度就是给天才之火浇上利益之油。

——［美］林肯

2. 需要是发明之母，但专利权是发明之父。

——［美］乔西·比林斯

3. 知识产权和香蕉一样，是有保存期限的。

——［美］比尔·盖茨

▶ 招兵买马

公司业绩日渐上升，比尔·盖茨又开始四处奔走，到各计算机公司去宣传他的 BASIC 语言软件，希望这些公司在出售他们计算机的同时，能够配上微软公司的 BASIC 语言软件。比尔·盖茨在计算机软件方面非凡的知识，以及他强大的说服力，给各大公司的经理们留下了深刻的印象，不久他就得到了通用电气公司、NCR 公司、花旗银行等大型企业的订单。

"比尔，我们的公司人手不够，咱们两个人根本忙不过来，需要再雇些人了。"艾伦向比尔·盖茨提出了建议。

"我也有这种感觉，不过聘谁呢？"

"还记得湖滨程序编制小组的理查德·韦兰德吗？可以让他来微软公司呀！"

"对呀，怎么把他给忘了，还有我的同班同学马克·麦克唐纳，软件编程方面也很在行，不妨也请他过来。"

"那样最好了。"

1976 年，马克·麦克唐纳和理查德·韦兰德先后进入微软公司工作。马克·麦克唐纳很快改进了 8080 处理器的 BASIC 语言，韦兰德则为摩托罗拉公司的 8800 处理器编写 BASIC 语言和 COBOL 语言。

8 月的一天，两个学生来到了微软公司。

比尔·盖茨问："你们找谁？"

"我们是来应聘的。"

"我们是斯坦福大学的毕业生，我叫阿伯特·朱，他叫史蒂夫·伍德。我们是看到张贴在学校里的招聘广告以后才来的。"

"实在不好意思，你们看，这里比较拥挤，又比较吵闹，工作环境差了些。不过工作起来倒挺有意思的。"比尔·盖茨问，"你们会喜欢这里吗？"

"没关系，工作条件对我们来说并不重要。我们很喜欢自由的环境。"

"我们是看好了微软公司的业务，以及软件事业的发展前景才来这里的。"

"太好了。"比尔·盖茨非常高兴，看来还是有人认同他们的公司和理念的，"那就上机操作一下吧，让我看一看你们的水平。"

两个人顺利被录取。

随着公司业务的迅速扩大，办公室呈现出一片繁忙景象。这时，他们不得不再雇用一个女秘书来管理杂务。

卢堡是一个四十多岁的家庭妇女，她想出来干点事情，于是来到了微软公司面试。

这一天，比尔·盖茨不在公司，伍德负责面试这位应聘者。伍德是公司的老员工，也是比尔·盖茨的朋友，他自称是总经理，并对卢堡说："我们考虑一下，一个星期后会给你答复的。"

一个星期后，卢堡接到了录用通知。她很快就到公司上班了。她发现公司里只有几个年纪轻轻的小伙子，几间房里全是计算机，他们干的活就是从早到晚在键盘上敲个不停。

有一天，卢堡看见一位她从来没有见过的年轻人大摇大摆地走进了办公室，她立刻去报告伍德。

卢堡慌慌张张地说："伍德，有一个小孩闯进了董事长的办公室。"

伍德抬起头看了一眼办公室说："那个小孩就是董事长。"

卢堡张大嘴巴，半天才问："请问，董事长多大了？"

"21岁了。"

她很快发现，比尔·盖茨虽然年轻，却非同凡响，他具有一个杰出人物必备的所有优秀素质。他记忆力惊人，卢堡问他任何一个电话号码，他都能随口说出来。

随着业务的不断扩大，美国许多赫赫有名的公司的老板，一个接一个地来到这家小公司，拜访这个只有 21 岁的小董事长。

这些老板来之前，总要打电话询问卢堡到机场如何知道前来迎接的人是比尔·盖茨。卢堡总是千篇一律地回答："简单极了，如果你看见一个戴眼镜的金发孩子，模样只有 16 岁左右，各方面都有点与众不同，那就是他。"

卢堡成了微软公司的总管家。她发工资、记账、接订货单、采购、打字、照顾公司职员的生活，让他们工作的环境尽可能更加舒适方便一些。她按比尔·盖茨的嘱咐去商店订货，让他们每星期给微软公司送两次可口可乐。后来，微软公司又免费给职员提供了牛奶和果汁。

比尔·盖茨从来不忌惮在用人方面冒险，就跟微软可以毫不在意地从其他公司挖来总经理一样。这就是微软的冒险精神，也是他成功的一个关键因素。比尔·盖茨一旦发现本行业中比较出色、但因所在公司经营败落而失业的人才，就会在适当的时候聘他来微软工作。比尔·盖茨希望微软的员工不但要对软件有浓厚的兴趣，还要有丰富的想象力和敢于冒险的精神。微软宁愿冒失败的危险选用曾经失败过的人，也不愿意录用一个处处谨慎却毫无建树的人。

盖茨在经营微软的过程中引以为荣的就是利用自己的人格魅力吸引和团结了一大批优秀的程序设计者和产品推广者。曾经有人采访盖茨成功的秘诀，他说："因为有更多的成功人士在为我工作。"盖茨对此充满了自豪感："在我的事业中，我不得不说我最好的经营决策是必须挑选人才，拥有一个完全信任的人，一个可以委以重任的人，一个为你分担忧愁的人。"

为了实现个人理想，盖茨从来不会计较虚名。他生活简单朴实，必要时常常身兼数职。他做事实在，不会为了使自己舒服一点而马虎从事。他为了事业往往是"冷酷无情""不顾情面"，给人以"大公无私""就事论事"的感觉，与下属之间形成了一种客观的人际关系。

有人曾经给盖茨总结过他的优点，认为其创业的成功是由情商注定的。他以勤奋、踏实及勇往直前的创业精神，配合灵活的经营策略、利好产品及朋友们的襄助等，才得以踏上成功的创业之路。喜好冒险、不服输的草莽性格，具有带动团队向前冲，达成目标的领导气魄，是支持他创业的动力之一。

当然，在管理中，他还具备外向开朗，行动积极乐观，做事轻松活泼，善于领导等优点，从不自我设定障碍、悲观保守、优柔寡断，这些创业者素质，与盖茨创业时积极的心态融合在一起，产生了巨大的"黑洞"效应，将无数的优秀人才笼络到了身边，共同为微软霸业增砖添瓦。

一步步的，微软从几个人的小作坊变成了拥有员工 5 万余人，产品足以号令天下的庞大软件帝国。"我不是教育家，可是我是学习者。而我的工作最让我乐此不疲的一点就是，我的四周环绕着其他热爱学习的人。"比尔·盖茨对身边挤满了聪明人而感到骄傲。

成长关键词 ↓ 好奇心、热情、爱心

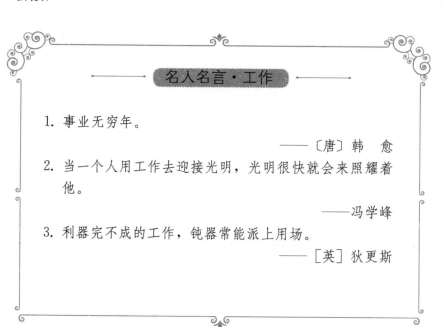

名人名言·工作

1. 事业无穷年。

——〔唐〕韩　愈

2. 当一个人用工作去迎接光明，光明很快就会来照耀着他。

——冯学峰

3. 利器完不成的工作，钝器常能派上用场。

——〔英〕狄更斯

▶ 共渡难关

与微软公司的蒸蒸日上相比，罗伯茨的微型仪器公司开始日趋没落，当然，这毫不让人意外。任何一个有市场远见的人都会明白强行搭配销售的危害，可是罗伯茨就是不明白这点，从这里就可以看出他的能力与素质了。他的公司在激烈的竞争中被日渐蚕食，即将被市场无情地驱逐了。在这危亡关头，如果罗伯茨能听取别人的正确意见，改变一下市场眼光，也许公司还能起死回生，可是他没有，最终导致公司无法继续维持，只好转卖给一家叫作佩特克的公司。

这件事给盖茨留下了深刻的印象，要知道罗伯茨的公司当初在美国可是风光无比，盖茨还要在他手下讨生活呢，谁知这么大的公司说没就没了，盖茨深深地领教了市场的残酷无情，不进则退。这也深深地影响了他的市场理念，在微软，盖茨不断地强调危机意识，认为微软的解体可能就在明天，并将这种观念灌输到微软每个员工的头脑中。事实上，罗伯茨的公司被收购后，微软也遭遇了一场空前的危机。

在 BASIC 语言软件的销售上，微软和佩特克发生了分歧。佩特克认为，既然他们买下了罗伯茨的公司，BASIC 语言软件的专利权就应该属于他们。对于这种说法，比尔·盖茨和保罗很是愤怒，因为罗伯茨只是负责销售软件，而他们才是软件的真正主人。

不过，佩特克公司的经理们根本没有把这两个刚刚 20 出头的小青年放在眼里。

"小伙子，你们最好明智些，不要再和我们争了，因为你们不是我们的对手。"

双方强硬的态度使得这件事最终闹上了法庭。

比尔·盖茨没有料到，这场官司竟使自己陷入了经济困境。因为法院规定，在结案前不许动用软件的销售所得，而这正是微软的主要经济来源。这下可急坏了微软公司的所有人。

幸好，天无绝人之路，在等待裁决的时候，一笔大生意自动找上门来。那是一家仪器公司，他们需要微软公司为他们的新机器配备全新的 BASIC 软件。但软件的归属问题在这时还没有得到最后的解决，这无疑会影响到生意的成交。比尔·盖茨不想失去这样的大客户，有什么办法呢？他一直在琢磨。

最后，比尔·盖茨和保罗说服了仪器公司，在不预付现金的情况下接下了这笔生意。

虽然生意谈成了，可是，公司没有了软件收入，还要付房屋的租金和员工的工资，资金变得越来越紧张。

在那段惨淡的日子里，高昂的律师费令比尔·盖茨不知所措，与此同时，新转让的公司佩特克也拒绝支付微软版权费，法院仲裁过程慢如蜗牛，收入的减少和庞大的开支把微软送到了濒临破产的境地，比尔·盖茨和艾伦几乎都捱不过去了，他们困难到了身无分文。

这时，父亲伸出了援手："比尔·盖茨，我知道你遇到了困难，还是让我来帮助你吧。"

"不，我会想出办法的。"比尔·盖茨为了度过难关，向自己手下员工借了 25000 美金度日，最终，比尔·盖茨和微软还是坚持了下来，赢得了这场官司。

在打这场官司的时候，比尔·盖茨在哈佛所学的法律知识曾助他一臂

老年时的比尔·盖茨父亲

之力。他还经常去向父亲讨教。父亲仔细分析案情之后告诉他，这场官司完全有机会打赢，他还为儿子介绍了阿尔伯克基的一位资深律师。

1977 年 12 月，法院指派的仲裁人员终于宣布佩特克公司和艾德·罗伯茨违背协议，罗伯茨将 BASIC 语言软件的专利权卖给佩特克公司这一行为属"商业剽窃"，判定微型仪器公司有权使用 BASIC 软件，而微软公司则最终享有该软件的销售权。也就是说，微软公司可以继续销售软件，佩特克公司不能再分享 BASIC 软件的任何利润。

这件事给了比尔·盖茨很大的启发，他对法律的作用也有了深刻的认识。从此之后，微软公司再也没有发生过"经济危机"。

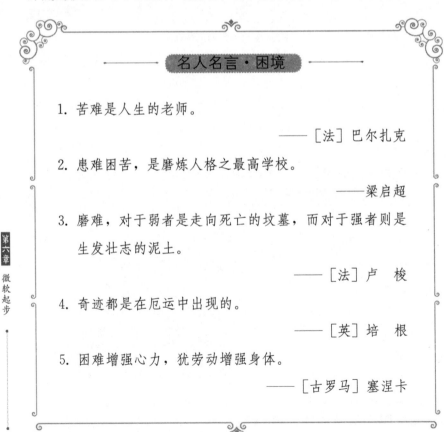

名人名言·困境

1. 苦难是人生的老师。

——［法］巴尔扎克

2. 患难困苦，是磨炼人格之最高学校。

——梁启超

3. 磨难，对于弱者是走向死亡的坟墓，而对于强者则是生发壮志的泥土。

——［法］卢　梭

4. 奇迹都是在厄运中出现的。

——［英］培　根

5. 困难增强心力，犹劳动增强身体。

——［古罗马］塞涅卡

第七章

Bill Gates

转战西雅图

大成功靠团队，小成功靠个人。

——［美］比尔·盖茨

▶ 从抢跑到领跑

快速、加速、变速是这个信息时代的显著特征。这种特征只有每个敢于奋起直追的人才能真正地理解和把握。

16 位微处理器正在成为一个工业浪潮。摩托罗拉公布了68000，Zilog 有 Z－8000，而英特尔则推出了 8086，这些机子每一种都实现了重大的飞跃。这些芯片不仅比原先更快，而且在指令和结构上也有重大改进——它们比旧的 8 位芯片能够直接寻找到更多的存储地址。

20 世纪 70 年代是美国计算机和计算机软件行业蓬勃发展的年代，大有群雄争霸、各领风骚的气势。尤其是在 20 世纪 70 年代后期，"几乎每个星期都有新牌微型机问世"。

但是也可以想象在成功者辈出的同时，又有多少失败者落荒而逃。前面提到的罗伯茨的微型仪器公司就是其中之一，它生产的阿尔塔计算机质量上不去，那个机子就只有 4K 内存。公司在强手如林的角逐中败北，最后被佩特克公司收购是必然趋势。而佩特克公司不久也奄奄一息。后起之秀 IMSAI 公司意欲生产更专业化的计算机以赢得市场，但仍然因质量方面的原因而美梦难圆，最后也濒临破产。这也给微软公司带来一些损失，因为 IM-SAI 同微软公司签订了转让 FORTRAN 语言软件专利的协定，IMSAI 倒闭，微软公司也就得不到这笔款项了。

1977 年，坦迪克公司的 TRS－80 型计算机，科莫多公司的 PET 型计算机和苹果公司的苹果二号计算机尽管都不尽如人意，但在当时而言，其性能和质量上都远远超过了以前的产品，销售量当然也就扶摇直上：TRS－80 型计算机上市一个月就卖出一万台；PET 型计算机于 1977 年在第一届西海岸计算机交易会上大获成功；苹果二号机不仅质量优异，使用方便，而且具备了磁盘驱动器，很快成为热门产品。微软公司先后为这些计算机开发了先进的 BASIC 语言。

但是，在计算机发展之初，各公司为了求新和保持自己的特色，都采用独自的一套操作系统。软件公司不得不投其所好，为它们编制形形色色的软件，虽然专业人士花费大量精力将这些软件编制出来，但因为它们的应用范围太有限，所以无法在销售量上带来巨大的突破。

计算机的品质越来越高，但软件的价格却并没有随之上涨。这就是著名的穆尔定律。在穆尔划的这条线上，他标上了更新的变化，那就是每隔 18 个月，也就是一年半的时间，计算机芯片的"元器件"密度就会增加一倍，或价钱降低一半。

电脑软件开发的先驱人物
——加里·基尔代尔

在当时，还没有任何新一代的微处理器，8086 似乎是第一个新模拟程序合理的候选人，因为它似乎有第一完成的可能。然而到 1978 年秋天，它连手册都还没有写出来。雷恩和奥里尔只好根据英特尔的工程师们写的说明书来编制他们的版本。这时，比尔·盖茨的老熟人加里·基尔代尔教授为英特尔公司的 8080 微处理器编制了一套叫作 CP/M 的微机控制程序，所有用 8080 微处理器的计算机都可以使用这个操作系统。于是，在不到一年的时间里，几十家公司都采用了这套操作系统，这使基尔代尔一年的收入超过了 6 万美元。

比尔·盖茨和保罗·艾伦也看准了 CP/M 的前景，他们知道这个操作系统最终将成为一个标准。他们在研制开发他们的 FOR-TRAN 和 COBOL 时，就选择了这个系统，以使他们的程序可以为更多的计算机采用。果不其然，他们的软件销路十分广阔。

软件走在了硬件的前头。

在那一个阶段，微软公司内部有一种狂热的工作气氛，这种气氛推动着所有的员工拼命工作。在这后面有一个叫作比尔·盖茨的"魔鬼"，他不断地催促说："快点！快点！"

微软公司实际上在做一次投机冒险。过去搞项目总是等机子出来，然后各路英雄一道冲杀上去，谁做得好做得快，谁就会成功。在同一条起跑线上，很难说谁就一定得第一。微软公司这一次的方法是抢跑。新的计算机做不出来，就算微软公司瞎眼了，白干了一场。但是，新型计算机做出来了，那谁也别和微软公司争了，微软公司一定是第一。

微软公司的这个决策得到了回报，它又一次挣到了钱。挣到了钱的微软已经成了蛟龙，此刻，阿尔伯克基这汪浅水已经无法容纳它并给予它所需的养分了。理所当然的，比尔·盖茨这个具有远见卓识的人开始考虑来一次战略转移。

不过，为了永远记住在阿尔伯克基的日日夜夜，微软公司的各位英豪决定在 11 月 7 日这一天照一张集体相。微软的资深员工都牢牢地记住了这一天。例如卢堡。卢堡当时并不是公司的员工，但是她的丈夫是，她与她的丈夫都被邀请出席这次集体照相。

11 月 7 日。这一天是俄国革命的成功日，是日本偷袭珍珠港的纪念日。这一天，阿尔伯克基下起了暴风雪。卢堡被孩子拖累在家里不能出来，韦兰德出城去办事，他们俩没有照成相。不过，大家并不遗憾。阿尔伯克基的日日夜夜，已经全部牢牢地印在了十几位年轻人的脑海里。

卢堡深深地被微软公司这群青年人所吸引，她和丈夫吵着、闹着，要随微软公司的青年一起去。不过，她这次没有成功。三年以后，她还是想方设法追到了微软公司。

微软公司也离不开她。这个女人有一种强大的能力，她为微软公司要债，谁也逃不出她的手心，没法赖掉微软公司的账。

1977 年底，微软公司的销售额达到 50 万美元。到了 1978 年，微软公司已经在微机语言上占据了统治地位，他们的 BASIC

已推出第 5 版，逐渐被人们公认为标准件。年底，公司的赢利突破 100 万美元，已有 13 名雇员。

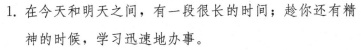

名人名言·效率

1. 在今天和明天之间，有一段很长的时间；趁你还有精神的时候，学习迅速地办事。

—— [德] 歌德

2. 世界上只有两种物质：高效率和低效率；世界上只有两种人：高效率的人和低效率的人。

—— [爱尔兰] 萧伯纳

3. 效率是做好工作的灵魂。

—— [英] 切斯特菲尔德

4. 忙碌和紧张，能带来高昂的工作情绪；只有全神贯注时，工作才能产生高效率。

—— [日本] 松下幸之助

成长关键词
好奇心、热情、爱心

Bill Gates

▶ 移军西雅图

比尔·盖茨希望进一步扩大自己的公司，但是，既然与罗伯茨已经毫无关系，他们就没有必要继续留在阿尔伯克基。有人建议比尔·盖茨把公司迁往加利福尼亚州的硅谷。那是一个高技术公司密集的地方，是许多著名计算机公司的诞生之地，对于微软公司今后的发展应是大有好处的。

阿尔伯克基曾经是微型计算机革命的中心城市，但是，由于计算机市场的风云变幻，昔日的计算机公司已逐渐因经营不善而隐退，现在革命的中心转移了。

微软公司也在考虑着搬家。微软公司的办公地点确实需要扩大。但是，重要的不是房子，而是追逐计算机革命的潮头。微软公司现在已经和微型仪器公司没有什么关系了，微型仪器公司再也不能像恶魔一样附在它身上了。

新墨西哥再也不能给予微软公司年轻人什么了。他们也越来越厌倦了这个保罗·艾伦每天提到的千里不见水的地方。

比尔·盖茨说："我们不能再在这里待下去了，我觉得我们应该搬家了，这里死气沉沉，与世隔绝。"

"是啊！"保罗说，"可是哪里更合适呢？"

比尔·盖茨觉得到加利福尼亚去更好，他说："那里有另一番迷人的风景不说，还是微型计算机世界不容置疑的中心。著名的圣弗朗西斯科湾是英特尔、摩托罗拉和国家半导体的芯片生产中心，苹果总部和旗舰店当然也在那里，它们就像开会一样集中到了一起。"

原来，比尔·盖茨之前就访问过硅谷的计算机制造商。

基尔代尔教授的数字研究中心就在从硅谷伸出的一条宜人的太平洋大道上，在这条路上，比尔·盖茨曾接到了三张超速行驶的罚单。其中，两张是同一天被同一个警察处罚的。他来来去去都开得太快了。他用的是"微软"的速度。可惜的是，警察并不理解这种速度的含义和这位"司机"的真实思想，而仅仅认可罚单的权威性。这条大道上，基尔代尔教授研究出来的操作系统，已经能和微软的 Basic 相媲美。

这次访问以后，他们一直保持着联系。他们俩都是西雅图本地人，在许多方面有着共同的爱好。基尔代尔比比尔·盖茨年长十几岁，是造诣极高的计算机学者，有计算机科学学位。他教过很多年书，有着丰富的理论和动手操作的经验。他在华盛顿大学时，写过一个 Basic 编译程序，不过他不喜欢 Basic 语言。

比尔·盖茨是自学成才的计算机爱好者。他是一个凭感觉行事的程序员。他能很快地写编码，里面充满了极好的但不被人赞同的技巧。比尔·盖茨虽然见多识广，但性子急躁，在基尔代尔看来，比尔·盖茨还是缺乏经验。

对于比尔·盖茨来说，他面临的问题是，他只有一个独立的 Basic，那个最低限度的操作系统是 Basic 的内核，它完全可以自己处理磁盘驱动器。但对别的语言就不是这样了，比如他开发的 FORTRAN 就需要有基尔代尔教授的操作系统的支持。这意味着用户在买授之前，不得不先买基尔代尔教授的操作系统，而这个操作系统可能对用户没有什么用处。

这是一个难题。

于是比尔·盖茨想，微软公司是不是要迁到加利福尼亚去，同基尔代尔教授的数字研究中心合并。如果不成，比尔·盖茨就设想同 Radio Shack 合作。不管到哪里，走是一定的了。

保罗·艾伦可不愿意到远处去。"或许西雅图更为合适。"保罗说，"那里有华盛顿大学，有我们需要的计算机人才，有幽雅的环境和温和的气候，还有我们过去的影子。"他不断同比尔·盖茨争辩，还威胁说，如果到别的地方，他就要离开微软公司。

比尔·盖茨知道保罗·艾伦的性格，这个人不求名不求利，他只追求自己的内心世界。比尔·盖茨必须连保罗离开以后的事情也要考虑到。

在硅谷雇一个好的程序员并不难，但是这些人本事越大越容易跳槽。他们带走自己的技术、公司的项目和客户，有些公司就是因为这样的人一走，公司立刻垮了。再者泄密也是一个问题。

在圣弗朗西斯科湾地区，企业对工程师的需求量很大，这造成了他们的工作极不稳定，挖墙角的事到处都有。有人钻这种空子还成立了猎头公司，专干这种事。工程师们稍有不满，只要走到马路对面去，就可以找到一份新的工作。

在圣弗朗西斯科湾地区，房价很高，这意味着工资也必须高。所有这些，都是一个企业家无法不考虑的。

比尔·盖茨换了一个思路。

他现在顺着保罗·艾伦的想法考虑。吸引高级人才到西雅图去，可能要难一些，但是那里离华盛顿大学不远。华盛顿大学有一个培养计算机人才的基地。再者，西雅图温和的气候也可以让微软公司的人干起活来更卖力一些。微软公司的干将们大多住在西雅图附近。离家近，可以使劳动力队伍更稳定。再说，从西雅图到加利福尼亚，坐飞机只是一个小时的路程。

比尔·盖茨想到这里动摇了。他越来越觉得去西雅图可能是一个更好的办法。一想到西雅图就自然想到家，也不知道爸爸和妈妈是怎么想着自己呢，至少自己回到西雅图，会让他们分外高兴。

与此同时，保罗·艾伦把微软公司的处境告诉了比尔·盖茨的父母。他们立刻通过一切方式说服比尔·盖茨。到这时候，已用不着费太大的劲来决断此事了。

迁回西雅图的正式方案是在 1978 年 3 月 13 日下达的，计划年底实行。还要好好干半年呢！微软公司买回了第一台属于自己的微型计算机。

回家有望，大家工作起来格外卖力。

比尔·盖茨避过了可能由搬家引起的严重分歧。

此时此刻的西雅图如同一幅美丽的图画闪现在比尔·盖茨的面前，那些黑色的郁金香则摇曳着最动人的姿态，这是一种言语无法传达的快乐，唯有比尔·盖茨能够理解这种快乐的意义。

11月，微软公司带着已有的骄人成绩，要向着绿草如茵的大西北进发了。

"盖茨先生，该出发了，离飞机起飞仅剩下半个小时了。咱们这儿离机场要跑20多分钟的路。"卢堡再次提醒比尔·盖茨。

"不要着急，我还可以再干10分钟。"比尔·盖茨头也没抬，手在键盘上敲个不停。

"您总是这样。"卢堡有点忍不住了，"上次您路上闯红灯，已经寄来了罚单；再上一次您差点登不上飞机扶梯……"

"可我从来都没耽误过事。"比尔·盖茨依然一动不动。

"可是，比尔·盖茨，开快车是很危险的。"

"放心吧，我喜欢的就是在事情面临紧要关头时那种全力以赴的感觉。在这种情况下，我往往会有高水平的发挥。"

"真拿你没办法。"卢堡只好摇了摇头退出了办公室。

……

"孩子，你能回来，我和玛丽都非常高兴，这不，她又去筹办你们的欢迎会去了。"父亲的脸上堆满了笑容，儿子今天取得的成绩已让他刮目相看。

"几年时间，西雅图的变化真大呀！"比尔·盖茨感慨道。

一场盛大的家庭欢迎宴会之后，微软公司的成员们又在比尔·盖茨的带领下不分昼夜地努力工作起来。

▶ 与 IBM 合作

1980 年 8 月，IBM 公司有人给比尔·盖茨打电话，说有两个人希望会见他。比尔·盖茨不以为然，因为 IBM 虽是鼎鼎大名的公司，此前也并不是没有同它打过交道，他们曾来电话商议购买软件的事情。他没有时间马上安排这个见面，因为今天得去赴一个约会，便告诉来电话的人，说见面是可以的，但是只能定在下周。对方却没有理睬比尔·盖茨的回答，只匆忙地说，他们的人两小时后就飞到西雅图，请他安排一个时间。原来这两个人是 IBM 公司的特使。

比尔·盖茨做梦也没想到 IBM 公司的人会派特使主动来访。他马上意识到事关重大，毫不犹豫地取消了原定同阿塔里公司董事长的约会。

IBM 公司，也就是国际商用机器公司，创建于 1911 年，起初生意萧条，到了托马斯沃森参与经营，形势才开始好转。沃森是销售专家，他组织了一支庞大的销售队伍。1924 年，这家公司更名为现名。在 20 世纪 20 年代，它是最大的时钟制造商，自 1951 年起，这家公司成功研制电动打字机并独霸市场，后开始经营计算机。到 20 世纪 70 年代，它已经控制了美国和欧洲大部分的计算机市场。

据说，如果美国联邦政府不对 IBM 的经营加以限制，以保障自由竞争，它的发展将达到一个怎样的规模是无法预料的。这家公司数以千计的经营人员身着蓝色制服，所以被人叫作"蓝色巨人"。它的经营作风历来严谨稳健，甚至显得有些保守。

到 1980 年，IBM 的雇员已经达到 3 万多人，在计算机硬件制造方面独占鳌头，而且他们的软件也一向自行设计，完全不与外界发生往来，也就是尊崇所谓"一切自力更生"的封闭传统。因此，在 20 世纪 70 年代末，美国的个人计算机被业余爱好者和一些公司搞得沸沸扬扬的时候，它并不重视。

IBM 公司大楼

但是，时势造英雄，稍有眼光的人都看得出，个人计算机已经不是某些人的玩物了；它正在成熟，并形成了一股汹涌的洪流，眼见就要主宰市场，但在当时并不是人人都看出了它的远大前景，比如说数字设备公司的缔造者肯·奥尔森。比尔·盖茨说他"是一位传奇式的硬件设计师，是我心目中的英雄，是一位可望而不可即的天神"。奥尔森在 1960 年就生产出了 PDP－1 小型计算机，价格为 12 万美元。这当然不是一个小数目，但是比起当时 IBM 公司生产的价值数百万美元的大型机器来，它就只及其一个零头。而且这种计算机的用途广泛，不久就形成系列，几年之间便得到普及，数字设备公司的资产很快达到 67 亿美元。但是，又过了几年，善于创新的奥尔森却犯了一个极大的错误。这一次，他没有看出更小型的个人计算机的发展趋势，反而反复声言，说那不过是一种赶时髦的玩艺儿，对它不屑一顾。结果他在风光了一些年之后，在个人计算机蓬勃发展的时候错失良机。

IBM 公司决策人这时也承认现实，召集专家开会，讨论研制个人计算机的可行性。于是，公司决定实行"象棋计划"，组成一个委员会，专门负责开发自己的个人计算机。委员会的成员详细研究了苹果公司及其他一些公司在这一领域领先一步的经验，并得出两个结论：一是鼓励和支持那些独立的软件发行公司，让它们大量开发软件；二是建立起一个公开的机构，带动一大批软件公司发展。委员会决定建议公司最高层放下架子，加入这个洪流。

但他们希望把事情做得十分巧妙，要让人既感惊异又叹服不止。

于是他们一改过去"一切自力更生"的传统，而与其他公司秘密合作，一鸣惊人。

IBM 对美国计算机市场流行的几种计算机做了仔细研究，至于软件，他们发现众多软件公司里有一个微软公司特别引人注目，它的包括 BASIC 在内的几个基本软件已经在微型计算机领域成为标准，它的产品销售量每年都要翻番。他们决定同微软公司接触，或许可以让微软公司来开发他们需要的软件。于是微软公司就接到了前面提到的神秘电话。

正因为 IBM 确确实实是大公司，所以比尔·盖茨找来了他的搭档史蒂夫·鲍默尔。

"比尔·盖茨那天真是兴奋极了。"鲍默尔后来回忆道，"他盼着国际商机能用我们的软件。"鲍默尔说正是由于这个原因，他和比尔·盖茨才认认真真地对待这次见面的。那天他们穿得整整齐齐，这种情况在微软可实在是不常见的。要知道，人们一直认为微软的标准工作服是圆领衫、休闲裤和耐克运动鞋。

就在会见之前，比尔·盖茨还打趣西装笔挺的鲍默尔："噢，真漂亮，可你为什么不到好莱坞去扮演海德博士?"

"我认为你更像是衣冠楚楚的顽童。"鲍默尔回敬道。

事实上，比尔·盖茨的西装很不合适，也没有派头。所以一开始，IBM 的人还以为比尔·盖茨是微软公司的一个办事员。

但是很快，他们的想法改变了。他们认为比尔·盖茨是他们所见到的最了不起、最聪明的人。这真是应了那句"得与主人见，方知窄处宽"的话。

参加会谈时他们被要求先在两页的协议上签字。协议规定任何一方都不得泄露专利信息与合作的秘密，但可以自由地披露讨论中没有限制的内容。

IBM 还认为，"虽然有了初次的会面，但不能确保还将会有进一步的活动"。

为了表明自己的真实目的，IBM 的萨姆斯暗示他们正在考虑某种项目，可能是和另一种计算机一样的插入式卡。萨姆斯强调：

作为设计者，他提议的大多数项目都没有出笼，但现在搞的这个不同，它是一个紧急任务，这个项目会有结果。

萨姆斯掌握着许多微软公司的情报，他了解微软产品的很多特点，也知道制造 IBM 所要的软件所面临的困难，其中最大的困难，就是时间不够。为了这个，他希望得到微软公司的进一步保证，无论是从期限上，还是从有关人力、资源或设备上。

士别三日，当刮目相看。萨姆斯没有想到微软公司已经有好几十名雇员和一个很不错的办公室。对于他所看到的一切，萨姆斯基本满意。

他相信微软公司能够成功地为 IBM 设计出软件来。但能否按照规定的时间交货，萨姆斯还是有些担心。

成长关键词

好奇心、热情、爱心

比尔·盖茨给萨姆斯看了一个微软公司的用户手册。这上面的近 100 个用户都是由微软公司为他们开发软件，并有如期交货的记载。尽管如此，萨姆斯还是要求他们再快一些。

萨姆斯还对安全问题提心吊胆。因为以比尔·盖茨和他周围一伙人的本事，很容易偷窃一两个技术，然后转移到另外一些计算机方面，因而使整个设计变得非常容易和合理。

对于把保密看得非常重要并一贯坚持的萨姆斯来说，没法不提出这个问题，他们要求比尔·盖茨必须减少这方面的危险。

另一方面，当微软公司人员在示范彩显的时候，萨姆斯看到，比尔·盖茨和微软公司的人都对彩显有着相当了解，对硬件非常熟悉。最让萨姆斯吃惊的是比尔·盖茨在争取 16 位计算机的设计，而不是 8 位。

萨姆斯和哈灵顿返回时，两个人对微软公司有着强烈的好感，这些年轻人所表现出来的热情与专业，几乎就是一个新世界。所有这一切都深深地打动了萨姆斯。他认为，毫无疑问，IBM 能够和这些人打交道做生意。

但是他也很担心，他害怕比尔·盖茨和微软公司会影响 IBM 的某些决策——这些人的能力太强了。

比尔·盖茨对 IBM 的主动合作既感激又惊讶。这是最大的一个客户，一个小小的软件公司能够同他做成生意，真不是一件容易的事。为了珍惜这个千载难逢的好时机，整个公司都全力以赴。

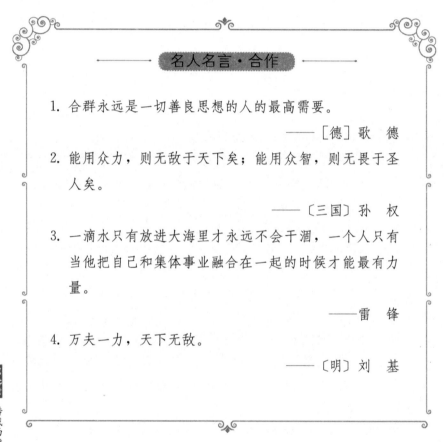

名人名言·合作

1. 合群永远是一切善良思想的人的最高需要。

　　　　　　　　　　　　　　　——［德］歌　德

2. 能用众力，则无敌于天下矣；能用众智，则无畏于圣人矣。

　　　　　　　　　　　　　　　——〔三国〕孙　权

3. 一滴水只有放进大海里才永远不会干涸，一个人只有当他把自己和集体事业融合在一起的时候才能最有力量。

　　　　　　　　　　　　　　　——雷　锋

4. 万夫一力，天下无敌。

　　　　　　　　　　　　　　　——〔明〕刘　基

第八章

Bill Gates

软件帝国

　　微软公司在用人上所表现出的胆略
与气魄是别的公司无可比拟的。

　　　　　　　　——［美］比尔·盖茨

▶ 全力作战象棋计划

在微软，人们看不到不努力的人。到晚上十二点钟，办公室的人最多最繁忙。销售人员白天拜访客户，晚上就回来赶写报告，还有一些部门开会、听总结也在办公室里进行。在微软没有一个经理要求员工加班，但是因为员工很有激情，并能从工作中得到无穷乐趣，同时又希望工作能够做到完美的状态，所以自然会努力工作。

与 IBM 签订的合同中，规定微软研制期限为一年，而且要严格保守机密，因为这涉及重要的商业利益。IBM 公司为这项软件开发制定了非常严格的保密标准，比尔·盖茨和他的同事们住进了西雅图国家银行大厦 8 楼的一间微软公司办公室，它位于走廊的尽头，长 9 英尺，宽 6 英尺。他们的隔壁是一家证券经纪公司。

为了防止泄密，IBM 公司还对他们进行封闭式管理，不准随便开门，一切有关"象棋计划"的资料文件都不得带出房间，为他们安装了一种专门的保险箱，还要求在天花板上装铁丝网，以防有人从屋顶上进入房间，但这个过分的要求遭到了拒绝。房间里没有窗户，也没有空调设备，夏天室内气温高达 38℃，IBM 公司的人还不准开门，并且多次进行安全检查。据说有一次微软公司的人正在开门通风，被检查人员发现，立刻受到了警告。微软公司的人虽然极不习惯这种管理，但知道商战无情，泄密就等于自杀，也只好遵命。

为了同 IBM 公司加强联络，在相距 4000 英里的西雅图和博卡拉顿之间，除了邮件往返不断，还建立了一条"热线"，也就是一个电子通信系统。比尔·盖茨也不时出差去博卡拉顿。这些特殊的日子里，在飞机上睡觉成了他的习惯，因为一到目的地他就可以马上精力充沛地投入工作。偶尔他可以一天之内飞一个来回，行程达 8000 英里。

开发工作的困难有的可以预计，有的则难以预料。

微软公司在感恩节的周末才收到 IBM 送来的一台样机。鲍勃·奥里尔负责对原 QDOS 加工，将它转变成 IBM 个人计算机要求的专业软件。但最初 IBM 计算机的规格只有一个雏形，并没有规定全部细节，为了在 IBM 要求的期限内完成这个软件的开发，鲍勃只好冒险一试。收到样机以后，他就同迈克·科特尼开始在那间闷热难熬的小屋子里紧张工作。他们使用了两种计算机，这些机器散发的热量不仅使屋子里的温度上升了好几度，而且更严重的是引起了计算机本身工作的不稳定性。出错之后，他们花了好几个小时在软件上寻找原因，但最终才确定错误来源于计算机。

后来，微软公司的程序编制员尼尔·孔森也参加了鲍勃他们的工作，小小的房间里又增加了一台计算机，气温有时几乎达到40℃，计算机的工作可靠性也进一步下降，他们只好违背保密禁令，终日房门大开。但他们仍然害怕 IBM 公司的视察员前来突袭，于是建立了一个很有意思的"警报系统"——只要有雇员发现 IBM 的人一来，就立刻向他们报警。不过，这个系统偶尔也有失灵的时候。有一次，IBM 的一个视察人员悄悄来到公司，没有被人发现。他直接闯入鲍勃他们的工作室，见大门敞开，一些计算机零件甚至放在室外，就马上要求公司对此作出解释。微软公司受到了很大的压力，从此以后，保密规定执行得更加严厉，IBM 也加强了检查系统。微软公司雇员们的日子更加难过了，他们几乎没有任何喘气的机会。

还有一个硬件问题也使开发工作不能如期完成，IBM 样机的基本输入和输出系统（BIOS）不能把数据输入 64K 以上的位置，否则就死机。直到 4 月，鲍勃才发现这个问题，IBM 马上派工程师去西雅图解决，但这样已经使微软公司减少了整整两个月的宝贵时间。另外，IBM 应当提供的游戏杆控制卡直到 2 月才送到，BASIC 的开发进度也受到影响。3 月初，IBM 的代表同微软公司谈，讨论软件如何提前的交货日期。他们提出了一个新的日程表，微软公司同意了这个日程安排，但强调如果 IBM 公司提供的硬件不可靠，他们也难以按日程安排交货。

微软公司其他人员的任务便是对 PASCAL、COBOL、FOR-TRAN 等语言进行转换。整体来说，这是一项麻烦无比的工作，而要求完成的时间又实在有限。在签订合同之前，比尔·盖茨他们就怀疑能否在规定的期限里完成这项工作，但三思之后，仍然决定冒险一试。他和公司的全体人员自始至终承受着来自 IBM 公司的强大压力。比尔·盖茨和他的伙伴们多年以来已经经历了不只一次抢时间加班加点的工作，而这一次他们面临的是一项具有历史性转折意义的挑战，不能不慎重对待。

微软公司的这伙人似乎从地球上消失了，不仅取消了冬天去滑雪的传统爱好，就连去佛罗里达州肯尼迪角参观史无前例的航天飞机发射这样诱人的事情，也差点儿成为泡影。最后，比尔·盖茨经不住一些人的好说歹说，只好答应，如果他们能提前完成一部分工作，就可以去肯尼迪角。于是，大家加班加点、夜以继日地忙碌了 5 天，终于获准去看航天飞机发射。比尔·盖茨和保罗也在公司同事的力劝下一道前往。

最终，微软公司的任务如期完成。IBM 公司的"象棋计划"也获得成功。

1981 年 7 月，微软公司得到正式通知，IBM 公司不久将发布新一代个人计算机诞生的消息。公司全体人员欣喜若狂，人们拥抱、握手，立即到西雅图一家豪华酒店去庆祝这一盛事。但他们也知道自己的操作系统还需要改进，他们还没有取得最后的胜利。根据比尔·盖茨的建议，IBM 设计组设计制造的第一台个人计算机使用 16 位微处理芯片 8086，这是一个非同小可的跃进，使个人计算机从玩具水平提高到了作为商业工具的应用水平。

▶ 建立行业标准

成长关键词

好奇心、热情、爱心

许多国家或政府都有一个专门的机构为一些技术设置规范，使它具有通用性，这就叫作法定标准，具有法律的效力。但是，国家制定的标准往往不一定就是市场上习以为常的标准。比如，一般人想当然地以为，英文打字机和电脑的键盘设置，一定是百余年来经过无数次改进，根据各字母的使用率确定下来的，应该是十分科学了。然而，事实却并非如此：它的键盘设置在开始时是随意定下的，但是由于已被社会确认，也就成了一种事实标准。同样的情况也见于钟表指针的走向。

由于市场变化多端，事实标准必然随经济机制变化而变化，当有更好更先进的东西问世的时候，事实标准就自然改变。比如，我们今天已经很少见到使用电子管的家用电器，因为它们被后来的半导体器件挤出了市场；电唱机十年前还是"音乐中心"必不可少的组成部分，现在已经难寻踪迹，而且很多唱片公司都已转产，这套相当成熟的技术几年间就被无情淘汰，而由现在的激光唱机完全取代。

比尔·盖茨对事实标准有着深刻的认识。他说："事实标准常常通过经济机制在市场上发生变化，这种经济机制与推动商业成果的正向螺旋十分相似，它使一个成功推动另一个成功。这一概念叫作正反馈，它说明事实标准为什么常常出现在人们寻求兼容性的时候。计算机对其用户的价值的大小，取决于它的质量和可供计算机使用的各种应用软件。"

那么，如何才能产生正反馈循环呢？比尔·盖茨认为事情非常简单，"只要有一种稍微优于对手的做法就行了"。而在高技术产品中，实现兼容性就是最有效的做法，既可以生产大量的产品，成本也不一定会有多大增加。

他举了 20 世纪 70 年代末和 80 年代初录像机的制式之战的例子。从技术上说，当时的 BETA 制式更为出色。但是，使用这种制式，一盘录像带只能录制一个小时，无法录下一场电影或一场足球赛；而用 VHS 制式，一盘磁带则可以录 3 个小时。

比较起录像的质量来，当时一般的用户更关心的是带子的容量。因此，JVC 公司开发了 VHS 标准，并容许其他录像机生产厂以低廉的许可费使用这一标准。于是，VHS 制式的录像机被大量生产出来，VHS 制式的录像带也随之占领了市场；人们自然就习以为常地认为 VHS 制式是一种恒久的标准而愿意多收藏 VHS 制式的带子。

生产厂家便加倍生产，使它逐渐占领了市场。1983 年，当 VHS 制式磁带开始逐渐被确立为标准的时候，它在美国的销售量也随之开始剧增，当年就比前一年增加 50%，为 950 多万盒；1984 年，销量达到 2200 万盒；至 1987 年，该数字升至 1.1 亿盒。至此，VHS 录像机便完成了一统天下的大任。而与 JVC 公司同时起步的 SONY 公司曾使用 BETA 制式，由于这种制式对用户不太有利，就逐渐被冷落下来，最终导致彻底失败。

比尔·盖茨说："VHS 是正向反馈循环的受益者。"他还说："从这一点就可以看出，一种新技术接受水平的数量变化，能够导致技术作用本身的质量变化。"

1981 年 8 月 12 日，IBM 公司在纽约宣布新型个人计算机问世，并展出了第一台样机。

不久，IBM 公司的个人计算机开始在商店里正式出售，成为抢手货。订单像雪花一样飞向 IBM 公司，尽管工厂生产规模不断扩大，仍不能满足市场的需求。而实力雄厚的惠普、数字设备、德州仪器、施乐等公司，都在计算机市场上纷纷落马，因为它们的机器在兼容性方面实在无法同 IBM 的机器相匹敌，IBM 公司一举成功，美国计算机市场的竞争进入了一个新阶段。

由于 IBM 公司的个人计算机一炮打响，微软公司也名声大振，它的 DOS 也就成了举足轻重的软件。可微软公司也面临新的激烈的竞争，因为 IBM 公司表明态度，欢迎外界的大发展，并完全公开产业标准的规格，以便那些希望为个人计算机开发附加卡的公司有所依据。IBM 公司还愿意同别人一起讨论软件的开发问题，也鼓励自己的员工利用业余时间开发软件。

为了加入这场竞争，微软公司又相继开发出 MS－DOS，BASIC、FORTRAN、PASCAL 语言，一个惊险游戏和一个打字程序。微软公司在 MS－DOSl·O 的基础上，开发出一种双面读写磁盘的新版本 DOSl·1，使磁盘容量由原来单面的 120K 增加到 320K。

这时，比尔才有理由说出他久藏心中的那句话："让我来建立这个标准吧。"

微软公司憋足了劲要大显身手，可别的公司也不甘落后，微处理公司首先成功地开发出一套编辑软件，名叫"文字之星"，接着可视公司开发出一种个人财务软件，名叫 Visicalc，备受各种推销商和财务人员的推崇。

"文字之星"推出后，销售量巨大，为微处理公司赚来巨额财富。它迅速占领市场，成为大多数办公用和个人用计算机的必备品。而一时间 Visicalc 也成了最走红的管理必备软件，尤其受到全世界经理人员的欢迎，个人计算机也因它而得到进一步的普及。

比尔清楚地看到，如果微软公司不能战胜"文字之星"和 Visicalc，那么自己的市场就会被抢夺。摆在微软公司面前的，就是尽快开发出一种软件，不仅可以在 CP/M 操作系统、苹果操作系统上使用，而且应当在当时流行的一切操作系统上使用。而 Visicalc 只能在苹果机的操作系统上使用，可视公司随后又推出的 super－calc，也只能在 CP/M 操作系统上使用。

▶ 招揽西蒙伊

比尔·盖茨非常清楚员工在公司中的主导地位，他提出了"微软存在必须依靠员工想象力"的口号，因此，他愿意在管理领域和技术领域实行"双扩大开放性"。

盖茨仍一如既往地试图确立整个软件行业的标准，为此他一再扩大开放性。微软已赢得了这种控制权，并无人可以替代。Basic 和 MS－DOS 不仅是一种标准，更是一棵摇钱树。微软令人难以置信地膨胀起来，而盖茨的目光又从系统软件转向应用软件。

"在这里，我们也能成为标准。"盖茨雄心勃勃。他倾向于暴风骤雨般地抢占市场，但这将被证明是一场他从未遇见过的攻坚战。

作为应用软件领域的新来者，微软发现自己身陷重围，备受打压。这领域的许多先行者早已根深叶茂，实力强大。不久，盖茨便会明了，他以前昏了头，竟不能及早进入应用软件领域。

这种程序有力地促进了个人计算机从业余爱好者的家中走向公司的办公桌。盖茨将注意力集中在"可视"并非始自今日，很多年前他就想和罗布伦一同买下这个公司的一半股份了，因此，他现在更愿意将"可视"作为第一个靶子。

比尔·盖茨的微软公司将开发和改进应用软件的重任交给了查尔斯·西蒙伊。查尔斯·西蒙伊当时面对的是一个严峻而又紧迫的现实。

西蒙伊也是个不同凡响的人物，他与比尔·盖茨一样，堪称电脑神童。他在为比尔·盖茨工作之前，曾在施乐公司待过。他工作的部门是整个国家最尖端的计算机研究中心。他和比尔·盖茨由于对软件的开发应用有着共同的看法而走到了一起。

比尔·盖茨有一个希望：今后，要使应用软件对微软公司的贡献超过操作系统，西蒙伊正是他选择来实现这一愿望的人。西蒙伊很快被比尔·盖茨视为肱股，成为微软公司核心。

西蒙伊和比尔·盖茨除了彼此出身不同外，他们有着许多相似之处。西蒙伊的经历，简直就是所谓"美国梦"的活样板。

"电脑神童"
查尔斯·西蒙伊

他到美国的时候，几乎是一文不名，但最后却飞黄腾达，风光无限。1948年，他出生于匈牙利。他的父亲是电气工程教授，在他很小的时候，父亲便着力培养他，并且期望他成为计算机工程师。

西蒙伊设计过许多软件，他将自己设计的第一件高水平软件卖给了国家。然而，在匈牙利，计算机技术并不发达，他学习编制软件使用的计算机，是一台俄国制造的老式电子计算机，笨重无比，足有一座房子那么大。而这台名为"乌拉尔Ⅱ型"的计算机，竟是匈牙利当时仅有的几台计算机之一。

匈牙利落后的计算机技术和封闭的信息，使西蒙伊感到郁郁不乐，他决定到外面的世界去闯荡一番，一展才华。

这样的机会终于来了。1964年，在匈牙利首都布达佩斯举行了一次国际贸易洽谈会。西蒙伊将自己编制的一个示范程序送给了丹麦的丹尼西计算机公司贸易代表团。他希望这家公司将这个程序带回丹麦，让人们看看。

丹尼西公司这样做了。人们认为，西蒙伊的程序相当不错。一些公司听说他还不到20岁，对他很感兴趣。通过联系，西蒙伊在西方谋到一份工作。他告别父母，背井离乡，毅然迈入西方计算机高科技的大门。

他在丹麦工作了几年，积累了一些资金，然后去美国加利福尼亚大学的伯克利分校就读。

1972年，他被美国施乐公司计算机研究中心录用，公司离著名的斯坦福大学不远。西蒙伊一边工作，一边到该校攻读博士学位。他撰写的毕业论文是他发明的一种代码输入法。西蒙伊所在的研究中心做出过不少引人注目的成绩。这个研究中心与斯坦福大学合作，研究出了一种新工具——鼠标。

西蒙伊对鼠标非常熟悉，他研制的供施乐公司的阿尔托计算机使用的字处理程序，就是第一个用鼠标的软件。他把这个软件叫作WYSIWYG，也就是"所见即所得"这句话的首字母缩写。后来，这个设计为微软公司带来了很大的好处。

西蒙伊所在的施乐公司因为未能把它研制的成果转换为市场产品，又因销售方面存在的太多问题而造成人心涣散，公司里大量颇具才华的年轻人一个个流向了苹果公司和微软公司。

1980年，西蒙伊的一个朋友给了他一个名单，说假如他想另谋高就，可以按名单上开列的人名去联系。这份名单的头一个人就是比尔·盖茨。西蒙伊首先选择了到微软公司，他同比尔、鲍默尔见了面。谈话只进行了5分钟，西蒙伊就下定决心到微软公司工作。

虽然他出于礼貌，后来陆续也同名单上的其他人接触过，但他发现只有比尔·盖茨所持的观点才卓尔不群。他预感到微软公司正在开发的软件必将对这个产业产生巨大冲击，在那里，他将真正大有作为。

比尔·盖茨也受到友人的叮嘱，叫他千万不要放过得到西蒙伊这种人才的机会。比尔·盖茨自然不会小视此事，他异常欣喜地接纳了西蒙伊。在西蒙伊到达微软公司的时候，他亲自出门迎接，并伴同西蒙伊仔细参观了整个微软公司，把公司的情况毫无保留地向西蒙伊作了介绍。

比尔·盖茨和他的微软公司给西蒙伊留下了难以磨灭的印象。比尔·盖茨是个精力无比旺盛，对事业信心十足，并且具有雄才大略的年轻人，这与西蒙伊过去所在的施乐公司的情形形成鲜明的对照。

在他正式提出辞职，并宣布将去微软公司工作的时候，施乐公司的同事大吃一惊，不理解他为什么放弃在"世界上最好的研究实验室"工作的机会，而愿意去同"那些孩子们"一起干。西蒙伊自然并不愚蠢，他和比尔·盖茨不谋而合地一致认为，他们结合在一起，是一个极好的发展构想，也是他们二人的共同希望。他们一定能创造卓越的成绩。

西蒙伊到微软公司后，还想把他的两个朋友拉进来，但是那两个朋友都因为各种各样的原因拒绝了比尔·盖茨的邀请，尽管比尔·盖茨向他们提出的待遇相当诱人。西蒙伊为此大感失望，说："我真不知道他们为什么就不懂得这是一个千载难逢的机会。"

现在，西蒙伊接受考验的时候到了：比尔·盖茨将开发微软公司软件的重任交给了他，任命他为应用软件开发部主任。

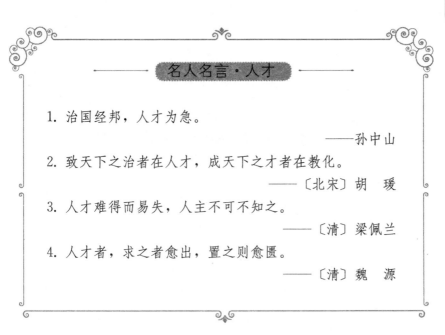

名人名言·人才

1. 治国经邦，人才为急。

——孙中山

2. 致天下之治者在人才，成天下之才者在教化。

——〔北宋〕胡　瑗

3. 人才难得而易失，人主不可不知之。

——〔清〕梁佩兰

4. 人才者，求之者愈出，置之则愈匮。

——〔清〕魏　源

第九章

Bill Gates

遭遇阻击

失败是不可避免的，但只要坚持到底，总能收到意想不到的成效。

——［美］比尔·盖茨

▶ 落败与反击

西蒙伊为多计划软件立下了汗马功劳，成了微软公司的大功臣。可是才几个月的时间，连比尔·盖茨也没有料到，一种新的软件很快取代了多计划软件的主导地位。

这是在一次计算机展览会上，当西蒙伊看到莲花公司推出的莲花1－2－3软件时，吃了一惊。

西蒙伊对比尔·盖茨说："比尔·盖茨，我们遇到麻烦了。"

比尔·盖茨也在心底为莲花1－2－3叫好，可是他还是不相信多计划软件竞争不过它。

"西蒙伊，你觉得多计划软件超不过莲花1－2－3吗？"

"当然可以。但是，我们的软件是为了满足 IBM 公司的要求而编制的，这难免要受到限制。我们只有在这个基础上，再增加一些新的功能，来个扩大版，以此来吸引顾客。"

经过努力，西蒙伊的扩大版终于问世，它具备了教学程序，使用者可以利用这个程序来学习如何使用。即使是这样，多计划软件还是赶不上莲花1－2－3的销售量。

1983 年元月，莲花1－2－3软件独霸市场，到 20 世纪 80 年代末，它已经累计销售 500 万套，创下了一个难以突破的记录。

这次失败给微软造成的的损失是巨大的，致使微软的软件曾一度退出市场。

比尔·盖茨感到在软件设计这个领域，真是藏龙卧虎，稍有不慎就会被取而代之。

经过反复思考，比尔认为既然在短时间不能开发出新的软件抢回市场，多计划软件应该暂时避开美国市场，向世界进军，开辟新的更加广阔的市场。他把进军世界的第一站选在了欧洲，并很快成功地打开了局面。有了欧洲市场的支持，比尔·盖茨又回过头抢夺美国市场。

比尔·盖茨首先是对微处理公司的"文字之星"进行反击。

同年 4 月，在亚特兰大展示会上，微软公司展出了为 IBM 设计的第二套软件：字处理软件。所谓的字处理软件，就是专门用于处理文字的软件，它可以对输入计算机的文字材料进行修改、编辑、存储，大大减轻文字工作者的劳动，节约了时间，提高了效率。

我们知道"文字之星"是微处理公司 1979 年开发的，到 1982 年已售出 100 万套之多，但这个软件严重的缺点是操作太复杂，微软公司向"文字之星"软件的使用者收集了各种意见，经过仔细考虑之后，确定了自己产品的特点。它的优点正好弥补了"文字之星"的缺点。微软用高级 C 语言来编写这套软件，在屏幕上分窗口，在每个窗口里同时显示不同的文件，这套软件还设置了一个"废纸篓"，专门存放删除的材料，如果使用者要重新使用这些材料，就可以很方便地从废纸篓中拣回来。这套软件还可以在屏幕上显示各种字体、划线，指示特殊符号，它最引人注意的地方，是使用鼠标来操作，使用者只需轻轻移动桌面上的鼠标，让屏幕上做相应移动的箭头指向菜单中需要执行的命令处，轻轻一按鼠标上的按钮，命令就被执行了。这些优点正好弥补了"文字之星"的缺点。比尔·盖茨还在这个软件中加入了激光打印机的驱动程序。

一开始，微软公司把这套软件命名为"多用工具字处理"软件，后来有人建议公司产品通通使用"微软"二字作为名称，这样既可以简化和统一公司软件的命名，也有助于树立公司的品牌形象，扩大公司的影响。比尔·盖茨采纳了这一建议。

于是，微软公司开发的"多计划"软件就更名为"微软计划"，"多文件"软件更名为"微软文件"，这个"多用工具字处理"软件也被改成了"微软字处理"。

"微软字处理"一经问世，立刻得到许多用户的喜爱和支持。

但是，"微软字处理"在 1984 年畅销软件排行榜上还是没能进入前 10 名，名列前茅的依然是"文字之星"。

1985 年年初，对"微软字处理"做出较大改进的 2.0 版面世。它能驱动惠普公司的喷墨打印机，却仍没有解决前两个版本中存在的问题。这时，虽然"微软字处理"还没有压过"文字之星"，却已经安稳地在市场上占据了一席之地。

经过激烈地比拼，"微软字处理"逐渐占了上风，在市场上牢牢地站稳了脚跟。在与微处理公司的比拼中占据优势之后，雄心勃勃的比尔·盖茨又把目光投向了莲花公司。

对于与莲花公司的较量，比尔·盖茨极为慎重。

早在 1981 年 9 月，比尔·盖茨就决定开发一个软件，一举摧毁莲花1－2－3 的致命威胁。没想到在"开战"前，保罗因患癌症离开了微软。比尔·盖茨只好亲自参与实施开发软件。他参与实施开发的这个软件，最后定名为视窗。

所谓视窗，就是把 MS－DOS 复杂烦琐的以字符为基础的操作，改为简明的以直观的图形界面为基础的操作。

比尔·盖茨打算在 MS－DOS 和各应用软件之间增加一个记录有显示器和打印机型号的接口管理软件，各应用软件就可以不必直接同操作系统打交道，而只须通过接口管理软件设置显示器和打印机。所有的应用软件都在统一的接口下运行，这样使用者将感到非常方便省事。这不仅是他一个人的构想，也是其他许多公司梦寐以求的目标。

可惜无数人在经过多年的试验研究之后，都一无所获。比尔·盖茨知道，要想微软在软件市场上技压群雄，立于不败之地，必须在这个构想上有所突破。他对这个软件的编制人员提出了一些具体的要求，其中包括必须使用图像模式，下拉式菜单及对话框，屏幕上所见即打印出所得等。

这个软件后来被定名为"微软视窗"。

▶ 微软视窗

1983 年 1 月，在一次个人计算机会议上，比尔·盖茨向与会者暗示了微软公司正在开发"微软视窗"软件。

然而，尽管微软公司的研究人员全力苦干，这项艰巨的创新工作仍然进展甚微。这并非是微软公司的研究人员无能，而是因为开发新的视窗软件实在太难了。

当时的个人计算机的内存只有 256K，而视窗需要的内存却远远大于这个数字。这个时期，其他许多公司也都产生了同微软公司一样的构想，正在加紧开发类似的软件。

10 月的一天，鲍尔默闯进了比尔·盖茨的办公室，一脸沮丧地说："糟透了！比尔，我们遇到麻烦了。"

比尔·盖茨放下手里的一份文件，心里一沉，没吭声。

鲍尔默接着说："我得到一些信息，有一家公司昨天突然宣布开发的一种类似视窗的软件已经投放市场，最初的 3 万套订货正陆续送到用户手中。"他把双手按在桌子上，又说："另外还有一家新的软件公司也在最近推出了一种名叫 DESQ 的软件，其功能形式也与视窗相似。"他加重了语气："你知道的，在此前，市场上已经有一个视窗类的软件 Wision 在广泛流行了。所以，我担心，我们的视窗就算搞出来，也可能达不到预期的效果。"

比尔·盖茨一边踱着步，一边慢慢地说："视窗非搞出来不可。不要管别人怎么张扬，我们要照干不误。"

鲍尔默说："可我们已经竭尽全力，正在拼命赶！"

比尔·盖茨又慢慢坐回到椅子上，像往常一样轻轻摇晃着，思索着："史蒂夫，我看我们有必要铤而走险了。是的，我们也来一个虚张声势!"

"你想怎么做?"

"开个新闻发布会,宣布视窗年底推出。"

"你真的有把握吗?"

"我们也不是第一次冒险了。"比尔·盖茨似乎很有信心。

11月10日,微软公司在纽约举行了一场盛大的新闻发布会,宣布"包容DOS的图形接口"微软视窗将在年底推出,而且断言一年之后,9%以上使用MS-DOS的计算机都能够使用视窗。比尔·盖茨的这一举动着实让所有的竞争对手吃了一惊。

然而,微软公司却一再失信:将视窗交货时间从1983年年底推迟到1984年第一季度;又从1984年的2月推迟到5月;再从5月推迟到8月。比尔·盖茨更是急得坐立不安。视窗迟迟不能问世,他本人和公司的信誉已经受到了影响。

微软公司最终许诺的8月很快到了,可比尔·盖茨仍然拿不出他的视窗。好事的新闻记者纷纷来对他进行追踪质疑。于是,传媒给视窗取了个令人难堪的绰号——"泡沫软件",以挖苦微软公司胆大妄为,作出了一个没有结果的承诺。

比尔·盖茨并没有理会新闻界的聒噪,他静下心,沉住气,冷静地思考。他终于悟出了一个道理:行政管理是自己的弱项,必须寻求一位合适的总裁,才有助于视窗的开发工作。于是,他决定辞去董事长之职,由刚进公司不久的琼·谢利出任第二任总裁。

琼·谢利很快就上任了,他对视窗开发工作的各个环节做了一次深入而且细致的调查,终于找到了问题的关键。原来,这项开发工作之所以进展迟缓,除了技术难关难以攻克之外,主要问题还在于管理和组织上的混乱无序。

等谢利把研制组的工作重新调整布置好以后,微软公司最后许诺的8月也早已过去了。到了10月,微软公司只好再次出面宣布视窗软件的上市日期为1985年6月。

面对如此尴尬的处境,比尔·盖茨索性什么也不说了:反正新闻界什么难听的话都说了，那就由他们说个够吧。他要用成功的事实来挽回影响。

视窗软件的设计和程序调试人员已经增加到了 30 人。程序员们的工作几乎已达到疯狂的状态，他们全力以赴，不分白天黑夜地工作。一位做测试工作的程序员甚至把睡袋搬进了实验室，整整一个月大门不出二门不迈地关在房间里。

有一天早晨，比尔·盖茨审核已经编完的软件时，突然发现了一处差错。他猛一拍桌子，跳起来大声喊："鲍尔默！鲍尔默在哪儿？"

"来了！来了！"鲍尔默手里端着吃早餐的盘子一边应着声一边气喘吁吁地跑来见比尔·盖茨。他听出比尔·盖茨火山爆发般的怒气。

比尔·盖茨指着电脑，生气地说："你还吃得下饭吗？你认为这个软件已经完美无缺了吗？不！我告诉你，它出现了差错！我警告你，年底前完不成任务，交不出货，我们公司就要垮掉，你们也得卷铺盖滚蛋！"

鲍尔默从未见过比尔·盖茨发这么大的火，这一次他是真的急了。鲍尔默急忙放下早餐，去叫醒刚睡下的程序员们，说："比尔发火了，他发现了软件中的错误。我们必须再次进行检测，不能出任何一点差错，否则我们都会被他炒鱿鱼的。"

紧张而缜密的工作最终使视窗开发取得了令人满意的成果，视窗小组的天才设计思想在这套软件中得到了完美的体现。人们事后对视窗软件开发的时间进行了统计，一共花去了 11 万个工时。

这一次，微软没有失信。在 1985 年 5 月的春季计算机展销会上，比尔·盖茨终于展出了他的视窗软件，向成千上万的用户演示了用鼠标和键盘打开或关闭"窗口"的效果。比尔·盖茨还当场宣布，视窗1.0版软件标价仅为 95 美元。

11 月，视窗软件正式上市。

▶ 与苹果公司交恶

　　微软开发的视窗 3.0 版非常畅销，它震动了全世界，以每月 10 万套以上的速度迅速在全球发行。到 1992 年新版视窗 3.1 推出之前，视窗 3.0 版的销售总量已达到 700 万套的创纪录数字。

　　在微软公司的这一巨大成功背后，苹果公司和其他一些公司遭受了沉重的打击。苹果公司决定用法律的武器，反击微软。它要指控微软对同行业的产品进行排挤和侵权。

　　如果苹果公司打赢官司，不仅微软公司将前功尽弃，而且意味着几十亿美元的市场份额也将化为乌有。在微软与苹果公司的这场纠纷中，不断有新的公司加入苹果公司的行列，向微软发起进攻。

　　1991 年初，比尔·盖茨对鲍尔默说："我要搞一份备忘录。尽管现在我们处在软件市场的良好发展状态，成绩也不错，可是我们要想到公司未来的处境，要看到未来的发展和风险。我认为很有必要！电脑技术飞速发展，稍有疏忽，就有可能被别人赶上甚至超过。而且，我们要知道，在网络通信等方面还远远落后于 Novell 公司，更有那些善于攻占市场份额的软件开发商，正对我们进行围堵。在备忘录中，我要着重谈一下与 IBM 的关系问题。"

　　后来，比尔·盖茨向公司的主要董事们分发了一份公司发展备忘录。这份备忘录在历数公司业务取得巨大成就的同时，也详尽地分析了公司在各个领域中面临的压力与危机。这份备忘录公布之后，一些不明事理的人开始产生恐惧心理，认为别的竞争对手真的要赶上来了，便开始大量抛售微软股票。

　　这时，IBM 公司董事局主席阿克尔斯也发表了他的备忘录，是一份缘于败绩的备忘录。阿克尔斯在他的备忘录中提出 IBM 公司要与苹果公司结盟，很快便得到苹果公司的响应。阿克尔斯在他的备忘录中还毫不掩饰地承认，IBM 公司目前正处于前所未有的困境之中。自 1984 年以来，公司的销售额首次连续两年呈现下降趋势。IBM 公司一度在股市上遥遥领先的地位现在已岌岌可危。在全美掀起个人计算机热潮的时候，IBM 公司几乎占领了一半的市场，而现在的情况是，市场占有率已下降到差不多只有 20％。他认为，现在该是公司大力进行整顿的时候了。

阿克尔斯忧心忡忡地指出："我们正在失去市场占有率，我们正在走向衰退。"他同时指责造成这种严重后果的原因，说："我们的工作缺乏足够的紧张态度，人人都自得其乐，而根本无视商务上的困境。"严酷的现实迫使 IBM 公司改变思路，打破陈规，从根本布局上改变现状，以应付狡诈的对手——比尔·盖茨和他的微软公司。

阿克尔斯提出的方案，在前两年是不可思议的。那就是，要同他们过去厮杀得不可开交的对手苹果公司联合起来，共同对敌。因为无论是 IBM 公司还是苹果公司，现在都共同面临来自微软公司的压力。过去，微软的年营业额只及 IBM 公司的十分之一，而现在，市场已经在微软公司的主导之下，IBM 公司和苹果公司这两家大公司所占的份额则分别下降了 70％ 和 50％。微软产品的利润率比这两家公司都要高。在共同利益的驱动下，它们互相联合，一致对敌，乃是大势所趋。

阿克尔斯在这份备忘录中为 IBM 公司指出了唯一的出路，尽管多少带有些苦涩和迫不得已的意味。

在与苹果公司结盟这件事上，IBM 并不是全无保留。电脑界不少明智人士认为，苹果公司只是因为与微软公司的官司才采取联合 IBM 的策略，它与 IBM 公司有着类似于微软公司的矛盾，要是苹果公司赢得了与微软公司的官司，它同样会起诉 IBM 公司的 PM 软件。因为 PM 与视窗完全相同，这同样是苹果公司难以容忍的。只是在当时的形势下，苹果公司与 IBM 公司联合起来仍然是有利的。

备忘录发表后不到半个月，在美国国庆节的前一天，两家公司正式结盟。他们达成一项协议，在广泛的领域内共同享有彼此的技术。协议的有效期定为 7 年。

这是一个意料之中却又有些出乎意料的结果。人们普遍认为，这种过去难以想象的事情完全是由于微软公司日益强大造成的。人们把 IBM 公司与苹果公司的结盟称为"反微软联盟"。

两家公司把结盟仪式搞得轰轰烈烈，仿佛在向比尔·盖茨示威。仪式在旧金山举行，邀请了 500 多人参加。在这个仪式上，除签署彼此共享技术成果的协议外，他们还声称将与著名的摩托罗拉公司合作，开发个人计算机 RISC 芯片，以用于 IBM 和苹果公司的个人计算机。

而真正引起轰动的新闻还是 IBM 公司和苹果公司将注册两个联营公司。其中一个公司取名塔利根特（Taligent），它的使命是以苹果公司以前开发的平克（Pink）项目为基础，研制出更为先进的操作系统。另一个公司起名卡雷达（Kaleida），它的任务则是研制一种个人多媒体计算机，把声像、文本、影像融为一体。

对这两家公司的结盟，比尔·盖茨反应淡漠，没有表现出什么忧虑。

他在一次业务研讨会上说："对于整个产业来说，苹果与 IBM 结盟可以说是一件好事，甚至是很好的事情，因为我们这个行业需要更多的合作，以便产生更好的成果。"

有记者问他："你不担心它们结盟对微软公司的影响吗?"

比尔·盖茨笑着说："这可算得上是一件好事：它们合二为一，我们因此少了一个竞争对手。"

此刻，没有人明白这个精明的总裁到底在想什么。

成长关键词
好奇心、热情、爱心

◁ 第十章 ▷

Bill Gates

全球时代

成功都并没有什么秘密，他们只不过是适应了时代发展的变化。

——［美］比尔·盖茨

▶ 微软横行股市

　　比尔·盖茨开发的高科技个人计算机产品的水平处于世界前列，这使得这些软件自然而然地流向世界各国。到 1986 年，微软公司超过二分之一的收入都来自于国外销售。微软公司的规模空前壮大，名扬世界。

　　"比尔·盖茨，我们赶快将微软股票上市吧。"微软总裁谢利开始不停地催促比尔·盖茨。

　　"为什么那么着急呀?"

　　"看一看苹果公司，多成功啊! 1980 年 11 月，苹果的股票第一次公开交易时，它的资产估价为 18 亿美元，甚至比福特汽车公司还多，带来的财富实在让人吃惊。从票面价格上来看，苹果总裁斯蒂夫·乔布斯突然间竟拥有了 2.3 亿美元的个人财产。难道你不羡慕吗?"

　　"这我知道。早在 1983年，我们的两大软件竞争对手——莲花公司和阿森塔公司的股票就已经上市，并且获得极大成功。"比尔·盖茨对股市行情还是很了解的。

　　"那我们还等什么?"大卫·马奎特也说。

　　"微软公司利润比大约

斯蒂夫·乔布斯

为 34%，这就是说，股票不上市，将能更好地为公司保持利益。"

"但上市也有很大好处，可以在近期内获得一大笔资金，而且，对于持有股票的微软雇员来说，股票上市意味着可以获得更多的能立即兑现的财富。"

比尔·盖茨看着微软的几位核心成员为此争辩，便大方地说出了他的忧虑。他担心，一旦股票上市，随着财富的滚滚而来，将不可避免地造成人们精神涣散，影响员工的工作效率。他还担心，股票上市后因财富巨增，微软或许会走上许多公司的老路——人与人之间变得缺乏关怀，人际关系冷淡，进而失去现有的家庭般温暖的气氛。

尽管他顾虑重重，可敌不过形势的发展和人们的普遍要求。比尔·盖茨不得不采取屈从的态度。他一点头，微软公司的员工便立刻开始运作，推动股票上市。

微软公司决定，首先由公司财务负责人盖德特与中立银行家联系，从中挑选承销商。在寻求承销商的过程中，比尔·盖茨曾答应美国《财富》杂志，允许一名记者追踪报道微软公司股票上市的情况，而且还与这家杂志签订了合同。他们最终确定萨奇公司作为主要承销商，桑斯公司作为机构购买承销商。

到了1985年年底，新闻传媒已开始发布微软公司的股票将于近期上市的消息。消息一传出，微软公司的股票立即成为世人关注的热点。

到1986年2月初，微软公司已印出近4万份的公告，分送给各个股票监督委员会的代表和代理商们。这份材料透露，在微软内部，经过多次的配股，公司创始人比尔·盖茨和保罗·艾伦占据了主要的股份：比尔为1100万股，保罗为640万股，他们各占全部股份的41％和28％。在首次上市时，比尔·盖茨准备卖出8万股，保罗·艾伦准备卖出20万股。而微软公司的其他核心人物，鲍尔默拥有170万股，谢利拥有40万股，西蒙伊为30万股，盖德特为19万股。此外，比尔·盖茨的父母也拥有21万股。

微软公司的上市公报一公布，比尔·盖茨就收到许多亲戚朋友的求购请求，可他只满足了十多个人，其中包括他的祖母和他的女管家，其他多数人都被他拒绝了，在这期间，他脑海里想得更多的不是股票，而是软件。他虽然是一个商人，长期以来依靠软件为自己赢得了财富，但他更是一个计算机软件的工作者。他认为，必须首先让公司拥有更好的发展，而不应当被股票带来的财富迷失了方向。

他对众多亲友求购者说："我不想理睬这些请求。我恨这件事。我想卖的是软件，而不是股票。"

不管怎样，1986 年 3 月 13 日上午，微软公司的股票在纽约股票交易所上市了。

第一天的开盘价为每股 25.17 美元，收盘价为 29.25 美元，共成交 360 万股。

比尔·盖茨的老朋友昆德伦在中间休盘时打电话给谢利，大声说："简直疯了！这样的场面我真是从未见过。每个到这里来的人都是为了购买微软股票，其他的股票竟无人问津了。"这种景象也使那些股票承销商们目瞪口呆。

一周之后，每股的价格已经飞升到 35.50 美元。

比尔从出售股票中获取了 160 万美元，而他手上的股票已经价值 3.5 亿美元。

这时，比尔也改变了对股票上市的看法，他觉得有能力为微软股票再争一个最好的价位。他和他的伙伴们开始在各地区各城市做巡回演讲。

1987 年，微软公司的股票直冲上每股 90.75 美元的高位，而且还有继续往上攀升的趋势。10 月，美国《福布斯》杂志将比尔·盖茨列入美国 400 名富翁的第 29 位。他当时的股票价值超过 10 亿美元。

拥有巨大财富的比尔和保罗都想到了他们的母校西雅图湖滨中学，他们决定回报母校。

1986 年 8 月的一天，比尔和保罗商量：为母校捐一笔钱，在那里修建一座科学和教学中心。

比尔说："中心要用我们的名字命名。"

保罗说："可是谁的名字排在前面呢?"

"我们抛硬币来决定，好吗?"

"好。看谁有运气。"

结果保罗的运气不错，这座中心被命名为"艾伦—盖茨大厦"。他们一共捐助了 220 万美元。

名人名言·感恩

1. 没有人天生该对谁好，所以我们要学会感恩。

　　　　　　　　　　——［挪威］乔斯坦·贾德

2. 对顺境逆境都要心存感恩，让自己用一颗柔软的心包容世界。柔软的心最有力量。

　　　　　　　　　　　　　　——林清玄

3. 不管一个人取得多么值得骄傲的成绩，都应该饮水思源，应该记住是自己的老师为他们的成长播下了最初的种子。

　　　　　　　　　　——［法］居里夫人

4. 感恩即是灵魂上的健康。

　　　　　　　　　　——［德］尼　采

5. 没有感恩就没有真正的美德。

　　　　　　　　　　——［法］卢　梭

6. 人家帮我，永志不忘；我帮人家，莫记心上。

　　　　　　　　　　——华罗庚

7. 别人为你做了一件哪怕是最微不足道的事，也得谢谢人家。

　　　　　　　　　　——［英］莎士比亚

▶ 开拓中国市场

经过多年努力，微软公司在一些主要国家已站稳了脚跟，在意大利、澳大利亚、加拿大、墨西哥、荷兰和瑞典还设立了分部。

这一次，一向目光长远的比尔·盖茨又盯向了中国。中国是拥有世界五分之一人口的大国，20 世纪 90 年代后，这里的计算机市场有了急速的发展。

1992 年，微软公司在北京成立了代表处，标志着微软正式向中国市场进军。微软的 MS－DOS 操作系统以及视窗 1.0、视窗 2.0 和视窗 3.0 在中国都非常走俏，中国的计算机几乎都离不开微软软件系统的支持。

盖茨对软件市场的分析和判断一点也不落后于他对技术前景的把握和理解。早在 1994 年，盖茨第一次来到中国的时候，他就断言中国是一个潜力巨大的软件市场。随着他到中国次数的增多，他对中国的了解和期望更为深切，因此他不断加大开拓中国市场的力度。

进入中国后，为了更好地开拓市场，微软又采取了一系列措施，比如，开发本地化软件版本，即中文版；举办各种类型的技术讲座、研讨会，为用户提供全面的服务；设立微软大学和培训中心，培养会操作微软设备的人才；为微软培养产品销售方面的人才；与中国的新闻出版单位合作，编发各种技术资料；与中国知名厂商合作从事产品的研究开发，等等。微软的这一系列举措使微软在中国的事业快速发展，也促进了中国计算机行业的发展。

在推出视窗 95 之前，为了进一步了解中国的计算机市场，进一步推动微软在中国的事业，比尔·盖茨决定亲自访问中国。

　　1994 年 3 月 21 日晚，比尔·盖茨以休假旅游的名义来到中国。不过，明眼人都知道，比尔·盖茨是到中国了解计算机行情来了。他这次来中国只带了翻译，没有随行人员。一身美国流行的休闲时装打扮，普通衬衣，牛仔裤，运动鞋。

　　比尔·盖茨一到中国，就吸引了人们关注的目光：毕竟他当时已经是世界上数一数二的大富豪了，是世界上最大的软件公司的总裁。

　　3 月 22 日，比尔·盖茨到中科院参观，他在中科院参观了语言识别系统，发现中国的软件工程具有极大的潜力，他连声称赞，说远未看够，并希望更深入地了解中国同行的工作。下午，他主持了一个软件发布会，并回答了中外记者提出的问题。

　　3 月 23 日，比尔·盖茨在早餐会上见了十多位中国著名的软件工作者。饭后，他到北京香格里拉饭店做专题演讲，题目是《90 年代微机工业展望》，来自全国各地的一千多名电脑工作者出席聆听。

　　比尔·盖茨的演讲有许多独到之处，给中国电脑界同行带来不少新的信息。他阐述了大量新的见解，对 20 世纪 90 年代电脑发展的趋势做了预测，还演示了视窗—NT 对三部影片同时剪接、处理的强大的多媒体功能。他的演讲和演示博得阵阵掌声和喝彩。

　　1996 年 12 月 8 日，当时的中国电子工业部与微软公司签订了一份合作备忘录，双方同意合作开发视窗 95 中文软件，这在世界上引起了不小的轰动。这标志着微软要抢占中文软件这个巨大的前途无量的市场了。

　　中国电脑市场是世界上成长最快的。微软很重视这个市场，加大了投资力度，成立了较大规模的独资公司和合资公司。独资公司主要负责市场营销、技术服务以及培训，合资公司将从事软件产品的开发，其中包括产品的汉化工作。

　　在微软进入中国市场之初，比尔·盖茨对新闻界说："中国现在和未来都是微软公司的重要市场"，盖茨先生对微软技术在中国的未来充满信心。

他说："微软将在中国的现代化进程中扮演关键性角色。"

中国电子工业部最后敲定微软公司的软件系统绝非偶然。微软公司的软件操作简单，如同电子游戏一般，传递命令迅速、通畅，有极强的联网性能，而且又有国际通用性。

微软负责远东地区的副总裁查尔斯·史蒂文森介绍，目前微软已与中国多家公司开展合作，已售出一大批微软运行系统、文字处理、通信功能的中文软件。

当然，微软在中国的发展也遇到了巨大的困难，这些困难倒不是来自竞争公司，因为中国目前还没有一家公司能够给予微软压力，尽管微软从不轻视任何对手。让盖茨感到头疼的是泛滥成灾的盗版，它们无孔不入，比任何一个国家都要张狂。无论微软怎么防范，中国总有高手能够顺利复制微软的技术成果。不过，盖茨表示，随着中国法制的发展，这一情况一定会大大改观。

2005年，微软与中国本土人士合作建立 MSN 中国。MSN 中国与中国最有价值的互联网公司——腾讯经营的聊天消息和社交网络 QQ 展开竞争。

2006年，国家主席胡锦涛出访美国，做东洗尘的主人不是美国总统小布什，地点也不在美国首都华盛顿，而是在全球首富、微软公司董事会主席比尔·盖茨的私人豪宅。同年，联想集团和微软公司在美国正式签约，联想宣布将购买总价值约 12 亿美元的微软软件产品，大部分将运往中国进行预装。

MSN 即时通信软件 LOGO

该项交易成为当时两国元首会晤期间，中美两国高科技企业间最大的视窗知识产权相关合约。据悉，联想将通过预装的方式在全球 65 个国家及地区销售微软软件。而此前，微软已经与中国其他三家 PC 厂商

TCL、清华同方和方正签订了总计 4.3 亿美元的类似合同。也是在 2006 年，微软公司和中国电信宣布，双方在互联网服务领域正式启动搜索服务合作，由微软向中国电信 2500 多万宽带客户提供 Live 搜索服务，以增强客户的互联网应用体验，帮助他们更快捷、更精确地定位其所感兴趣的信息资源。这是世界知名搜索服务提供商与中国主导电信运营商首次在中国开展的全国范围内的合作。

2007 年 4 月，比尔·盖茨接受了清华大学名誉博士学位，成为清华大学第 13 位名誉博士。比尔·盖茨带来了微软与名校合作的升级计划。他还为"清华大学微软软件科学实验班"揭牌，该实验班由清华大学与微软亚洲研究院合作开设，致力于培养具有国际水平的一流计算机人才。从 2007 年开始，微软亚洲研究院还将在清华开展"杰出访问学者"项目，邀请世界知名学者在清华大学授课访问。

2007 年 8 月，微软与中国签署新一期政府安全协议。根据签署的新协议，中国信息安全产品测评认证中心和相关被授权机构将可以在线即时查看包括微软产品的绝大部分现有版本的全部源代码和相关技术信息。除了能够查看源代码，政府安全协议还提供关于 Windows 平台技术信息的培训，以增强政府建立和部署具备强有力的安全技术的计算机基础架构的能力。

2009 年 11 月，中国农业银行与微软（中国）有限公司在北京签署战略合作备忘录，双方将在金融电子化渠道、银行后台 IT 支撑系统等方面开展全方位合作。

可以预见，微软的中国路还很长，会越走越宽。

◁ 第十一章 ▷

Bill Gates

乐善好施

身体的健康因静止不动而破坏，因运动练习而长期保持。

——［古希腊］苏格拉底

▶ 健康比赚钱重要

比尔·盖茨对于程序的迷恋是世人所知的。他常常数十个小时一动不动地待在电脑前面编写着一串串枯燥无味的代码，但很少有人知道他在发展事业的同时，特别注意健身。因为在他的理财观中，健康比赚钱更重要。

值得一提的是，当"视窗"程序编写工作圆满完成后，微软公司在西雅图一家著名大酒店举行庆祝活动。在大酒店室内四轮溜冰场上，乐队正奏出火爆的摇滚乐。溜冰场中央，身穿套头衫、牛仔裤、脚蹬耐克运动鞋的比尔·盖茨正在旋转、飞奔，以及表演各种花样动作。

100多位和比尔·盖茨一样打扮的小伙子、姑娘，背靠溜冰场的镶木墙板，目不转睛地看着旋转、飞奔的比尔·盖茨，大家都被他无比高超的溜冰技巧惊呆了。他们没有想到，看上去这么瘦弱的老板，居然还有这么一手。

其实，比尔·盖茨从小就是一个运动高手。从婴儿时期起，精力非凡的他就会独自使摇篮不停地摇摆上几个小时。热爱户外运动的他在很小的时候，就想方设法让父母同意他参加童子军。在童子军艰苦的训练中，他表现出了坚韧不拔、锲而不舍的精神。

由于比尔·盖茨的姐姐是当地的女子网球冠军，在姐姐的亲自教授下，比尔·盖茨也成了一名出色的网球手。后来他养成了一种习惯，为了既能运动又不浪费宝贵时间，有时他用握球拍的那只手练习写一些毫无意义的字词以协调腕部肌肉，有时甚至在同他的下属们开会时，也会在纸上乱涂乱画，身体在椅子里前仰后倾。

在微软工作过的人都知道那里工作的紧张程度，尤其是那些程序编制人员，有时没日没夜地干几天都没有休息。因此，他们平时需要以体育活动来平衡他们紧张的脑力劳动。公司给每个雇员赠送一张免费的体育俱乐

比尔·盖茨打网球

部会员证，可以随时到附近一家体育俱乐部去锻炼身体。这家俱乐部有开阔的运动场和溜冰场。公司雇员可以到那儿打棒球、橄榄球和排球，公司园区内还建有一个小巧的人工湖，大家称它为比尔·盖茨湖，喜爱游泳的可以随时到那里游泳健身。

比尔·盖茨这样做的目的也十分明显。因为微软的员工大多数工作压力大，空闲时间少，一有空闲时间就是睡大觉，身体处于"亚健康"的状态。多给自己一点时间，投入在健身锻炼上，一来可以提高自己的身体素质，有更好的体魄去迎接工作中的挑战；二来还可以减少目前乃至将来在医疗和保健品上的支出，这笔花销可不是个小数目。从这个意义上看，投资健康，积极健身也是另外一个角度上的理财。因此，比尔·盖茨提倡在工作之余，多花点时间在健身锻炼上，同时也给爱好广泛的微软员工提供了尽可能多的娱乐健身机会。

热爱运动的比尔·盖茨在闲暇时间往往通过一些户外的比赛活动来获得放松。微软公司还根据比尔·盖茨家族及友人暑假进行的比赛而设计出了激烈户外竞赛——微软竞赛，这个大型的竞

赛一度是该公司的传统。虽然这些竞赛如今已不再举办，但微软派对的规模却愈来愈大，也愈来愈精彩、多姿。

不拘小节的比尔·盖茨喜欢的运动还有飙车和开飞机。微软刚创业时，设在新墨西哥州的阿尔伯克基，盖茨买了一辆保时捷911，常常驾车在沙漠中飞奔；他曾因半夜在街上疾驶而入狱，靠艾伦把他保出来；微软搬到西雅图后，他3次因超速而被警察开了罚单，有两次是在同一条街上被同一位警察抓住的。有时，比尔·盖茨在完成了一项软件程序设计后就会和朋友驾车飞奔，时速达120迈。

盖茨不仅关注自身健康和职员们的精神面貌，他还投入巨资帮助解决全世界人民的健康问题。中国抽烟的人很多。盖茨基金会打算推出一项新计划，帮助中国人戒烟。盖茨说："了解中国戒烟行动的力度将是一个非常有趣的事情。在采取戒烟举措前，美国的财富水平相对来说更高一些。我相信，中国有机会也有能力和美国一样做好这件事情。"盖茨还亲自验收了中国的戒烟成果。

对于中国的乙型肝炎疫苗接种，盖茨基金会也同样伸出了援助之手。据统计，中国乙肝患者大约占总人口的10％，在中国进行这项计划，将有助于减少这种疾病在世界范围内的影响。

比尔·盖茨的基金会还将与美国国家卫生研究所共同启动一项名为"全球健康挑战"的项目，召集全球最顶尖的科学家，一同研究人类社会所面临的疾病问题。比尔·盖茨说："没有任何一件东西比健康更重要，从事医疗保健事业更是如此。计算机技术对我而言是一件非常有吸引力的领域，该领域的发展十分重要，然而与健康相比，财富和高科技技术都只能名列其后。"

第十一章

乐善好施

▶ 投身慈善事业

成长关键词
好奇心、热情、爱心

比尔·盖茨结束了计算机软件生涯后又开始了一个新的征程——慈善事业。

这对微软意味着一个巨人的时代即将结束，但对世界却意味着又多了一个有着 580 亿美元身价的全职慈善家。微软的一名员工说："毫无疑问，他的慷慨使得数十万人重获生命。"

比尔·盖茨总是告诉妻子，自己努力工作并不只是为了钱。对待这笔巨大的财富，他从没有想过要如何享用它们，相反，在使用这些钱时他很慎重。比尔·盖茨早就说过，他打算把他的财富捐赠出去。"我只是这笔财富的看管人，我需要找到最好的方式来使用它，因为最终我会把我所有的财富都投入到基金会里。"

比尔·盖茨如此热心于慈善事业，这要归功于他父亲的引领。而促使比尔·盖茨根本转变的是 1993 年秋天，他和后来成为他妻子的梅琳达等人到非洲旅游，当地人民的极度贫困激起比尔·盖茨心灵的震颤。比尔·盖茨感慨之余，扪心自问："我能做什么?"老比尔·盖茨对儿子说，应该建立基金会，开展慈善工作。这一次，比尔·盖茨欣然答应，建立了 9400 万美元的基金会。以前那个被讥讽为一毛不拔的"吝啬鬼"开始大笔捐赠了。

盖茨基金会还在北京开设了一个办事处，着力解决中国的艾滋病问题。盖茨表示，基金会在这个计划上与中国卫生部有密切的合作。他说："有些计划，像艾滋病，他们很欢迎我们，我们合作很愉快。它取决于你与政府在这些事情上的合作有多深。"

盖茨的财产超过 400 亿美元，在过去几年里，盖茨把他的大量个人财富捐献给了慈善事业。

2005 年 11 月，他在伦敦庆祝自己 50 岁生日的时候，对在场的记者表示，名下的巨额财富对他个人而言，不仅是巨大的

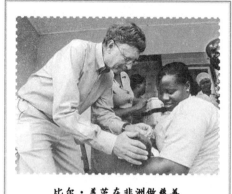

比尔·盖茨在非洲做慈善

权利，也是巨大的义务，他准备把这些财富全部捐献给社会，而不会作为遗产留给自己的儿女。他在自己的遗嘱中宣布拿出 98％ 的财产给自己创办的、以他和妻子名字命名的"比尔和梅琳达·盖茨基金会"。

比尔和梅琳达·盖茨基金会于 2000 年 1 月成立。它是由比尔·盖茨教育基金会和威廉·比尔·盖茨基金会合并而成。前一个基金会致力于通过公共图书馆使更多人有机会使用科技资源，后一个基金会注重改善全球卫生保健状况。合并后的基金会总部位于西雅图，由比尔·盖茨的父亲老威廉·比尔·盖茨及帕蒂·斯通斯福主持，总资产超过 300 亿美元，是世界上最大的慈善基金会。

比尔和梅琳达·盖茨基金会资助的对象主要有四个领域：第一是改善全球健康状况。着手研究艾滋病、疟疾、肺结核、癌症等疾病的治疗途径，尤其是向非洲、亚洲等发展中国家大力捐资；第二是加大教育投资。创建更多的面向低收入阶层子弟的中学并减少因经济问题而上不起大学的现象；第三是促进信息业的发展。尤其是着力扩大互联网的普及，让所有人，不分种族、性别、年龄或贫富，都能拥有获得信息技术的途径；第四是改善美国太平洋西北地区的现状。那里是盖茨的老家，自然要特别关照，基金

会将向当地社区和贫困家庭提供多种形式的捐助。

从近年来的重大慈善活动来看，比尔和梅琳达·盖茨基金会的确按照原定的计划向外界进行援助。他们出手阔绰，例如，曾向纽约捐款 5120 万美元，用以建立 67 所面向少数族裔和低收入阶层子弟的中学；捐资 1.68 亿美元，帮助非洲国家防治疟疾；向博茨瓦纳捐资 5000 万美元，帮助那里防治艾滋病……对自己的善举，盖茨并没特别张扬，只是说自己热心慈善事业是源于父母的影响。盖茨夫妇多次表示，他们死后，只留几百万美元的遗产给自己的孩子，其他部分将会捐给慈善事业。

2003 年，梅琳达·盖茨与丈夫比尔·盖茨再次走入非洲，到多家医院进行参观访问，与医护人员及艾滋病、癌症、疟疾等重症患者亲切交谈。比尔·盖茨重申："有生之年，我们打算将价值 400 多亿美元的财富全部捐献给社会。"

2004 年 7 月，比尔·盖茨做出惊人之举，他决定将 30 亿美元的微软股票红利投入比尔和梅琳达·盖茨基金会，这成为美国历史上最大的一笔捐款。比尔·盖茨同时也赢得了"世界上最乐于慈善事业的人"的称号。至此，比尔·盖茨已将他 37%，价值 283 亿美元的财富用于各种公益事业。

比尔·盖茨把自己赚的钱花在慈善事业上，当然不只是为了做功德，成立基金会还可以享受减免税赋，这也是企业政府公关的重要环节。拥有精明商业头脑的比尔·盖茨在运作自己的基金会时也有着自己独特的做法，比尔·盖茨基金会与其他单纯捐款者不同，它是以"投资"的眼光来看慈善事业：受捐助团体必须要做出预定的成绩，基金会会进行定期的考核，作为下次捐助与否的依据。

根据某份年报报道，该基金会虽是一家慈善机构，却也是一家很会赚钱的基金会。基金会 2003 年以 268 亿美元的资本获得了高达 39 亿美元的投资报酬。2001 年，比尔·盖茨基金会的平均投资报酬率为 18% 左右。

由于私人财富的爆炸式增长，慈善捐款如今具有前所未有的社会意义。一些企业家和经理人将私人财富投向慈善事业，而不再理所当然地传给自己的孩子。在他们的眼里，有一种观念正在形成，那就是：在巨富中死去，是一种耻辱。

英国美容用品连锁店"美体小铺"创始人安妮塔·罗迪克 2005 年宣布，把价值约人民币 7 亿元的个人财产全部捐出，用于慈善事业。

构建花旗帝国的企业家桑迪·威尔打算在死前捐出全部财产。

将美国国际集团（AIG）打造为全球最大保险公司的莫里斯·汉克·格林伯格也大笔地捐钱。

至于在 2008 年勇夺福布斯榜首位置，将在这一宝座上坐了十多年之久的比尔·盖茨拉下马来，素有"股神"之称的巴菲特，6 月 25 日通过美国《财富》杂志透露：将向 5 家慈善基金会的捐款总额约为 370 亿美元。其中世界首富比尔·盖茨及其妻子梅琳达建立的基金会将获得其中约 300 亿美元捐款，其余部分分别捐赠给以巴菲特已故妻子命名的基金会及其三个子女各自掌管的慈善基金。

沃伦·巴菲特在 2005 年曾声明要把自己的财富与比尔·盖茨的合在一起，共同抗击第三世界的疾病。

当然，并不是每一个富豪都有慈善之心。对于比尔·盖茨热心慈善事业的义举，有美国人曾这样评价："他将让那些醉心于购买飞机、游艇、豪宅供个人享乐的暴发户们汗颜。"

名 人 年 谱

比尔·盖茨

1955 年 10 月 28 日，盖茨出生于西雅图，全名为威廉·亨利·盖茨三世。

1967 年，当时 6 年级的盖茨向妈妈提出一个奇怪的问题："你是否尝试过思考？"

1967 年秋季，盖茨的父母将其转至湖滨中学（Lakeside School），这是一所位于西雅图的男校。盖茨是班级最小的学生。

1968 年，盖茨和中学同学保罗·艾伦开始通过一本手册自学 BASIC 语言。在几周内，两人就耗光了学校每年价值 3000 美元的 PDP－10 计算机上机时间。不过，盖茨和艾伦迅速与计算机中心公司达成协议，通过报告 PDP－10 计算机的软件缺陷来换取上机时间。

1971 年，盖茨为湖滨中学开发了多款程序，包括创建课程表的程序等。这一年他也在班级中接近了自己认为"合适的"女孩。

1973 年 9 月，盖茨进入哈佛大学。盖茨的学业表现不佳，他经常缺课，把大量时间用于编程和打扑克之中。盖茨不喜欢洗澡，甚至一度将比萨饼和苏打水当作每日三餐。在哈佛期间，他与史蒂夫·鲍尔默成为朋友，他们的宿舍在一栋楼之中。

1975 年 1 月，艾伦无意中看到《大众电子》杂志的封面，包括 Altair8800 计算机的图片以及"全球第一台对抗商业模式的微型电脑"的大标题。艾伦购买了这本杂志并冲向盖茨的宿舍。几天后，盖茨致电 MITS，告诉该公司他和艾伦能够为 8800 开发 BASIC 程序。

1975 年 2 月 1 日，盖茨和艾伦完成 8800 程序开发，以 3000 美元的价格出售给 MITS，并获得 18 万美元的版权费。

1976 年 11 月 26 日，盖茨和艾伦注册了名为"微软"的商标。他们曾经考虑将公司命名为"艾伦及盖茨公司"，随后又提出"Micro－Soft"的名字，不过最后他们决定将商标中的横线去掉。当时艾伦 23 岁，盖茨 21 岁。

1977 年 1 月，盖茨离开哈佛大学，并在新墨西哥州 MITS 公司总部所在地建立微软。

1977 年，盖茨的秘书多次发现盖茨躺在办公室的地上睡着了。盖茨依然以比萨饼为生，并且对下属要求严厉，甚至经常与同事争辩。盖茨当时的一句口头禅是："这是我听过的最愚蠢的事情。"

1977 年下半年，由于驾驶保时捷 911 汽车超速，盖茨被多次逮捕，有一次甚至被吊销驾照。这几次事件中，盖茨至少有一次是被艾伦保释出来的。

1978 年 12 月，微软当年的年终销售额超过 100 万美元。

1980 年 8 月 28 日，盖茨与 IBM 签署合约，同意为 IBM 的 PC 机开发软件。盖茨以 5 万美元的价格收购了一个名为 QDOS 的操作系统，对其加以改进后命名为 DOS，随后授权给 IBM 使用。

1981 年 8 月 12 日，IBM 开始销售采用 MS－DOS 1.0 系统的 PC 机。

1982 年，在投入市场的第一年，MS－DOS 被授权给 50 家硬件厂商使用。

1983 年 2 月 18 日，由于染上霍奇金氏症，艾伦辞去了微软执行副总裁的职务。他随后收购了一家篮球队，建立了一家音乐博物馆，并拥有全球第三大游船。

1983 年 11 月 10 日，微软发布 Windows。这一产品在 MS－DOS 的基础上进行扩展，从而支持图形界面。

1984 年 1 月 24 日，盖茨参加了一场 Macintosh 系统的推介会，微软也成为苹果机第一批软件开发商。

1985 年 8 月 12 日，微软成立 10 年后，销售额达到 1.4 亿美元。

1986 年 3 月 13 日，微软以每股 21 美元的价格上市。上市当天的收盘价为 28 美元。微软通过上市筹集到 6100 万美元资金。

1987 年，在曼哈顿的一次微软新闻活动中，盖茨认识了梅琳达·弗朗奇。

1989 年 8 月 1 日，微软 Offcie 正式发布。

1990 年 5 月 13 日，盖茨在母亲节当天提出微软管理层的退休时间表。

1990 年 6 月，联邦贸易委员会就微软和 IBM 在计算机软件市场的冲突展开调查。

1993 年 4 月 11 日，在从佛罗里达到西雅图的一次包机飞行中，盖茨向梅琳达求婚。飞机随后在奥马哈临时降落，在巴菲特的陪伴下，盖茨带梅琳达前往商场选购钻戒。

1993 年 8 月 20 日，美国司法部接替联邦贸易委员会，展开对微软的调查。

1994 年 1 月 1 日，比尔和梅琳达在夏威夷 Lanai 岛上举行了小型婚礼。盖茨邀请了梅琳达最喜爱的歌手 Willie Nelson 在婚礼上献唱。

1994 年 4 月，盖茨首次登上《连线》杂志封面。而美国政府针对微软的反垄断调查仍在继续。

1994 年 7 月，微软接受美国政府的要求，承诺放弃一些比较明显的垄断行为（例如，要求硬件厂商为配置特定微处理器的所有电脑支付 MS－DOS 授权费，即使电脑没有安装该系统）。

1995 年 7 月 17 日，盖茨在 39 岁时成为全球首富，财富总额达 129 亿美元。微软 1995 年的营收为 59 亿美元，拥有 17801 名员工。

1995 年 8 月 24 日，微软推出 IE 浏览器。

1996 年 6 月，《连线》杂志第二次使用盖茨作为封面人物。这一次，盖茨的照片被 PS 成身着泳裤的形象。这是对微软刚刚开展的媒体业务最好的写照。

1996 年 12 月，微软股价达到高点，同比涨幅达到 88％。从账面上看，盖茨 1996 年每一天的收入高达 3000 万美元。

1997 年 10 月 20 日，由于涉嫌违反 1994 年的法令，微软被要求支付每天 100 万美元的罚款。美国司法部表示，当硬件厂商申请 Windows 95 授权时，微软要求必须在硬件产品中加入 IE。

1998 年 5 月 18 日，由于微软将 IE 与 Windows 捆绑，美国司法部连同 20 个州的首席检察官联合对微软提起诉讼。

成长关键词
好奇心、热情、爱心

　　1998 年 11 月 9 日，在一段作证录像中，当盖茨表示自己从未蓄意阻止竞争对手进入软件市场时，他的身子微微颤抖。医生认为盖茨可能患有亚斯伯格综合征。

　　1999 年，盖茨和梅琳达将威廉·亨利·盖茨基金会改名为比尔和梅琳达·盖茨基金会，并将基金会的目标定为减少世界上的不平等现象。

　　2000 年 1 月 13 日，盖茨不再担任微软 CEO，并将该职位交给鲍尔默。

　　2000 年 6 月 7 日，美国地区法官 Thomas Jackson 要求将微软一分为二。

　　2000 年 11 月，盖茨再次登上《连线》杂志封面，这一次是关于微软反垄断案。

　　2001 年 6 月 28 日，美国哥伦比亚地区上诉法庭推翻了 Jackson 对微软的判决。

　　2005 年 3 月 2 日，盖茨在英国白金汉宫接受英国女王授予的骑士勋章。此前被授勋者还包括鲁迪·朱利安尼和斯皮尔伯格。盖茨随后可以在名字后面加上"KBE"字样。

　　2005 年 12 月，盖茨夫妇和 U2 乐队主唱波诺成为《时代》周刊 2005 年度人物。

　　2006 年 6 月 15 日，盖茨宣布将在两年内逐渐退出公司的日常运营。

　　2006 年 6 月 26 日，比尔和梅琳达·盖茨基金会得到巴菲特 300 多亿美元捐赠，规模扩大一倍，成为世界最大的透明运营的慈善组织。

　　2008 年 3 月，在连续 13 年保持全球首富的地位后，盖茨在 2008 年"福布斯富豪榜"上以 580 亿美元的资产总额下滑至第三的位置。而盖茨的牌友巴菲特则成为全球首富。

　　2008 年 6 月 26 日，比尔·盖茨宣布将于 6 月 27 日正式退出微软日常工作。其表示，退休后将把 20％的时间用在微软项目上，剩余 80％的时间从事慈善事业，其 580 亿美元的身家也赠与慈善基金会。从全球首富到全球首善，盖茨的转变让业界振奋。

名人年谱
比尔·盖茨